이 책의 한국어판 저작권은 시빌 에이전시를 통해 저작권사와 독점 계약한 (주)알에이치코리아에 있습니다.
저작권법에 의해 한국 내에서 보호받는 저작물이므로 무단 전재와 복제를 금합니다.

Around the World in 24 Farmers' Markets written by Maria Bakhareva and illustrated by Anna Desnitskaya
Text copyright © Maria Bakhareva, 2021
Illustration copyright © Anna Desnitskaya, 2021
Book design by Alice Nussbaum
All rights reserved.
Korean edition copyright © RH Korea Co., Ltd., 2024
Korean edition is published by arrangement with Debbie Bibo Agency through Sibyllebooks, Korea.

이 책의 한국어판 저작권은 시빌 에이전시를 통해 저작권사와 독점 계약한 (주)알에이치코리아에 있습니다.
저작권법에 의해 한국 내에서 보호받는 저작물이므로 무단 전재와 복제를 금합니다.

마리야 바하레바 보고 느끼는 것을 좋아하는 러시아의 작가입니다. 수년 동안 잡지 편집자로 일했고, 최근에는 어린이를 위한 논픽션을 쓰고 있습니다. 《맛있고, 재밌고, 독특한 전 세계의 시장》은 작가가 쓴 첫 어린이책입니다. 딸과 두 마리 고양이와 함께 헝가리 부다페스트에 살고 있습니다.

안나 데스니츠카야 일상에서 영감을 얻는 러시아의 일러스트레이터입니다. 모스크바 국립 예술대학교를 졸업하고 지금은 어린이책에 그림을 그리고 있습니다. 2017년에 BIB 황금사과상을 받았고, 2018년에 아스트리드 린드그렌상과 독일 아동문학상 후보에 올랐으며, 2019년에 볼로냐 국제아동도서전에서 올해의 일러스트레이터로 선정되었습니다. 2019년과 2022년에는 AOI 세계 일러스트레이션 어워드 최종 후보에 올랐습니다. 그린 책으로 《오래된 아파트》, 《세상 끝에서》, 《별》 등이 있습니다. 지금은 가족들과 함께 몬테네그로에 살고 있습니다.

최현아 대학에서 영어영문학을, 대학원에서 테솔(TESOL)을 공부했습니다. 대학에서 학생들에게 영어와 관련한 과목을 가르쳤으며, 이후 어린이 영어 교육 분야에서 일했습니다. 호기심 가득한 눈을 반짝이며 질문하고, 진지하게 답변을 기다리는 어린이들과 만나는 순간은 언제나 행복합니다.

맛있고, 재밌고, 독특한
전 세계의 시장

초판 1쇄 인쇄 2024년 10월 30일
초판 1쇄 발행 2024년 11월 15일

글 마리야 바하레바 그림 안나 데스니츠카야 옮김 최현아
발행인 양원석 발행처 (주)알에이치코리아(등록 2004년 1월 15일 제2-3726호)
본부장 김문정 편집 박진희, 김하나, 정수연, 고한빈 디자인 김민 외주디자인 김세은
해외저작권 안효주 마케팅 안병배, 김연서 제작 문태일, 안성현
주소 서울시 금천구 가산디지털2로 53, 20층(한라시그마밸리)
편집 문의 02-6443-8921 도서 문의 02-6443-8800 홈페이지 rhk.co.kr
블로그 blog.naver.com/randomhouse1 포스트 post.naver.com/junior_rhk
인스타그램 @junior_rhk 페이스북 facebook.com/rhk.co.kr

ISBN 978-89-255-7440-0 77300

• 제조자명 (주)알에이치코리아 | 제조국명 대한민국 | 사용연령 8세 이상
• 종이에 손이 베이거나 모서리에 다치지 않게, 책을 던지거나 떨어뜨리지 않게 주의하세요.
• 잘못 만들어진 책은 구입하신 곳에서 바꾸어 드립니다.
• KC마크는 이 제품이 공통안전기준에 적합하였음을 의미합니다.

· MARKET ·

맛있고, 재밌고, 독특한
전 세계의 시장

마리야 바하레바 글   안나 데스니츠카야 그림   최현아 옮김

주니어 RHK

차례

1월 이스라엘　12

예루살렘 마하네 예후다 시장　14
텔아비브 레빈스키 시장　15

2월 칠레　18

산티아고 중앙 시장　20
푸에르토몬트 앙헬모 수산시장　21

3월 태국　24

암파와 수상 시장　26
방콕 끌렁떠이 시장　27

4월 스페인　30

바르셀로나 보케리아 시장　32
산세바스티안 브레차 시장　33

5월 프랑스　36

니스 쿠르 살레야 청과·수산시장　38
리옹 폴 보퀴즈 시장　39

6월 미국　42

뉴욕 유니언 스퀘어 그린마켓　44
샌프란시스코 페리 빌딩 마켓 플레이스　45

7월 독일 48

함부르크 이제 시장 50
뮌헨 빅투알리엔 시장 51

8월 러시아 54

로스토프나도누 중앙 시장 56
아스트라한 셀린스키 이사디 수산시장 57

9월 중국 60

청두 유린 종합 시장 62
베이징 성푸 샤오관 시장 63

10월 헝가리 66

부다페스트 중앙 시장(그레이트 마켓 홀) 68
부다페스트 심플라 농산물 직판장 69

11월 모로코 72

마라케시 제마 엘프나 시장 74
에사우이라 수산시장 75

12월 영국 78

런던 버러 시장 80
옥스퍼드 커버드 시장 81

일러두기
- 영업시간, 화폐, 시장의 모습 등 모든 정보는 2024년 10월 기준입니다.
- 각 나라의 문화를 생생하게 느낄 수 있도록 간판, 가격표 등은 번역하지 않고 그대로 두었습니다.
- 매달 시장 두 곳의 소개가 끝나면 '그림 찾기 미션'이 있습니다. 문제를 푼 다음 QR코드를 스캔하여 정답을 확인하세요.

시장에 가 본 적 있나요?

사람들이 물건을 사고팔기 시작하면서 시장은 늘 우리 곁에 있었어요.
고대 이집트, 그리스, 로마에서도 농부들이 광장에 모여 신선한 농산물을 팔았거든요.
오늘날 남아 있는 시장들 가운데 몇몇은 중세 시대에 만들어진 거예요.

약 100년 전까지만 해도 식재료를 사고팔 수 있는 유일한 장소는 시장이었어요.
지금은 시장보다 대형 슈퍼마켓을 선호하는 사람들이 많지만,
여전히 시장은 많은 사람들이 살아가는 데 꼭 필요한 곳이자
한 나라의 문화를 엿볼 수 있는 곳이랍니다.

지금부터 전 세계의 시장으로 여행을 떠나 볼까요?
나라마다 어떤 시장이 있고 시장의 모습은 어떻게 다른지, 누가 시장에서 장을 보는지,
어떤 식재료와 음식을 사는지, 현지 식재료로 할 수 있는 요리는 무엇인지,
얼마나 많은 관광객이 방문하는지 등을 차근차근 알아보아요!

각 나라의 시장 구경이 끝나면 본문 속의 그림을 찾는 미션도 있어요.
해당 그림을 찾아보며 시장 구석구석을 즐겁게 탐험해 보세요!

1월 이스라엘

이스라엘 사람들은 주로 목요일에 장을 봐요. 늦어도 금요일 오전까지는 장보기를 마쳐요. 매주 금요일 해 질 무렵부터 토요일 저녁 전까지는 유대교의 안식일인 '샤바트'거든요. 샤바트에는 대부분의 상점이나 공공 기관 등이 문을 닫고, 버스나 기차 등 대중교통도 운행하지 않아요. 이날 저녁에는 가족들이 모두 모여 식사를 한답니다.

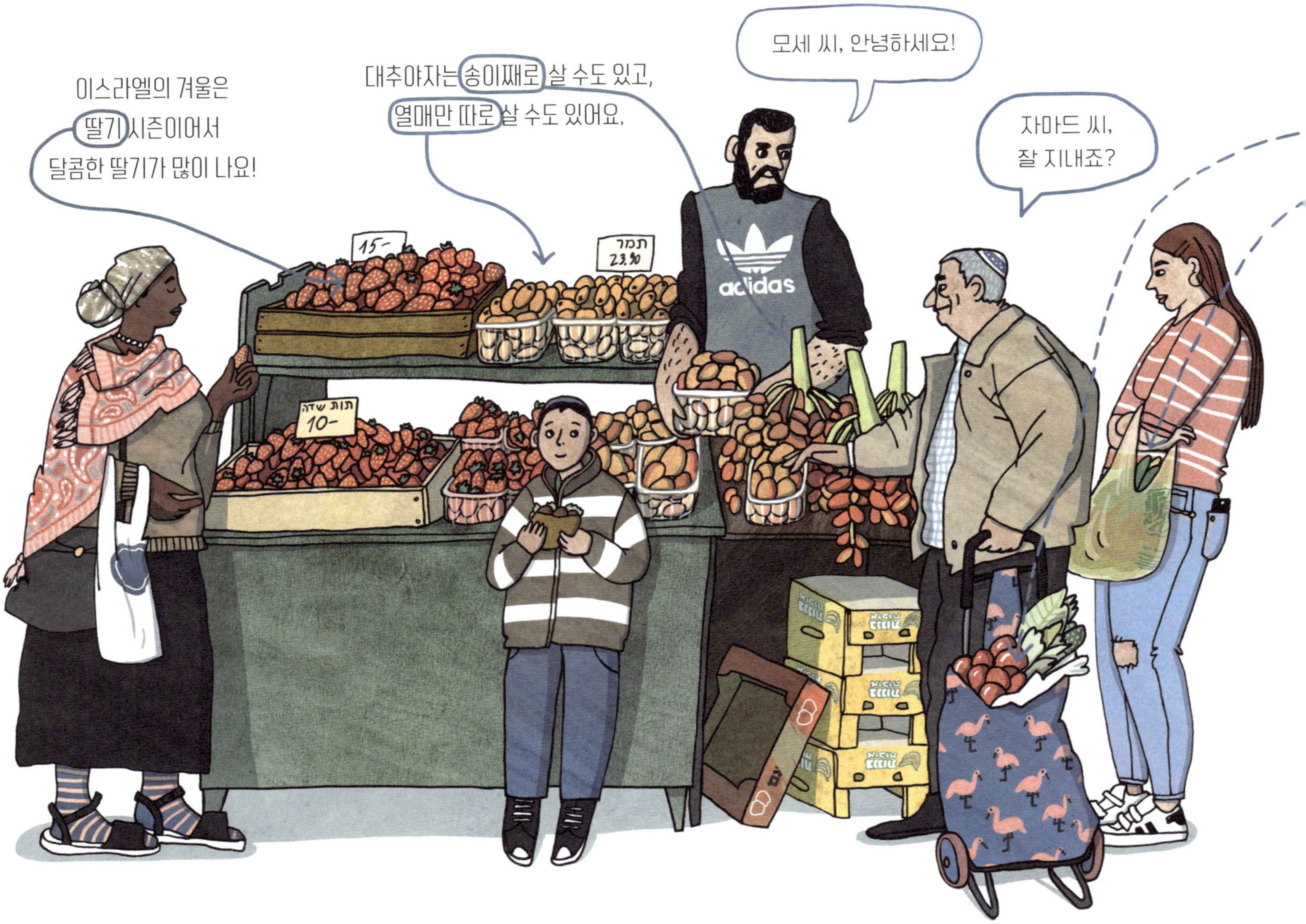

이스라엘의 겨울은 딸기 시즌이어서 달콤한 딸기가 많이 나요!

대추야자는 송이째로 살 수도 있고, 열매만 따로 살 수도 있어요.

모세 씨, 안녕하세요!

자마드 씨, 잘 지내죠?

알면 유용한 표현

- Shalom(샬롬) : 안녕하세요.
- Toda(토다) : 감사합니다.
- Slikha(슬리하) : 미안합니다.
- Ze yakar(제 야카르) : 비싸요.
- Kama ze oleh?(카마 제 올레) : 얼마예요?
- Maspik(마스픽) : 충분합니다.
- Ken(켄) / Lo(로) : 네. / 아니요.

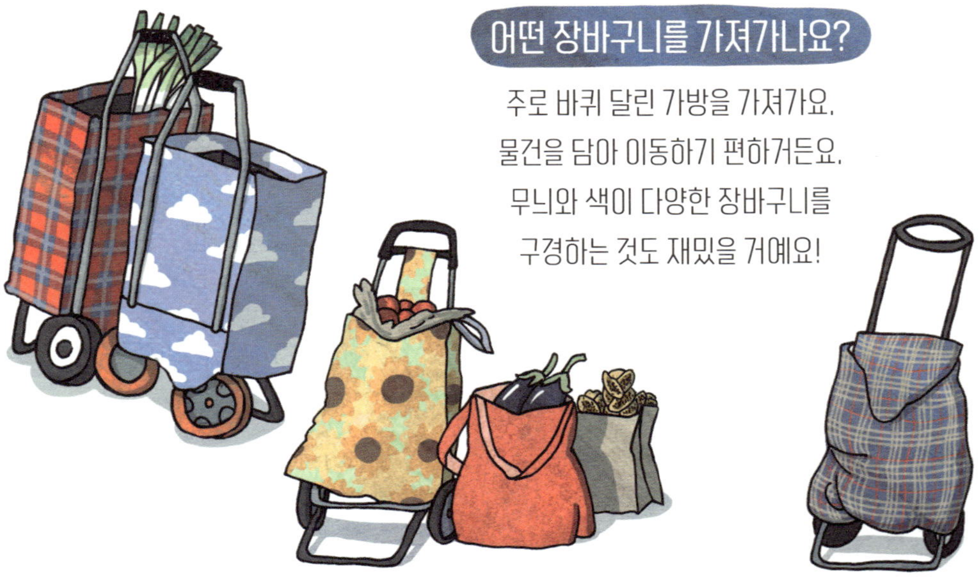

어떤 장바구니를 가져가나요?

주로 바퀴 달린 가방을 가져가요. 물건을 담아 이동하기 편하거든요. 무늬와 색이 다양한 장바구니를 구경하는 것도 재밌을 거예요!

많이 찾는 식재료

- 올리브
- 고수
- 파슬리
- 민트
- 토마토
- 오이
- 라브네: 걸쭉한 크림 형태의 요구르트로, 면포에 요구르트를 부어 하룻밤 동안 수분을 거르면 완성!
- 양파
- 피타
- 후무스: 병아리콩, 타히니 소스, 레몬즙, 마늘을 섞어 만든 중동 지역의 전통 음식이에요.

가장 작은 단위의 이스라엘 지폐

'20세켈'로 팔라펠 피타 샌드위치 1개를 살 수 있어요.

팔라펠은 병아리콩을 갈아 만든 공 모양 튀김이고, 피타는 속이 빈 납작한 빵이에요. 피타를 반으로 잘라서 속에 채소와 팔라펠을 넣어 만들어요.

도전! 맛있는 이스라엘 요리

타히니 소스 가지 구이

1. 가지를 1cm 두께로 썰어 차가운 소금물에 15분 동안 절여요.

- 큰 가지 1개
- 소금 1/2큰술
- 차가운 물 1/2컵
- 참깨로 만든 걸쭉한 타히니 소스 1/2컵
- 레몬즙 3큰술
- 마늘 반쪽
- 커민 가루 1/4작은술
- 올리브유

2. 절인 가지를 건져서 가볍게 짠 다음 올리브유를 약간 뿌려 버무려요. 오븐 팬에 서로 겹치지 않도록 가지를 놓고, 200℃에서 가지가 말랑해질 때까지 구워요.

3. 가지가 익는 사이, 대접에 레몬즙과 타히니 소스를 넣고 찬물을 조금씩 부어 가며 원하는 농도로 맞춰요. 소금으로 간을 한 뒤, 다진 마늘과 커민 가루를 넣어요. 구운 가지 위에 완성한 소스를 발라서 바로 먹거나 차갑게 식혀서 먹으면 돼요!

שוק מחנה 'הדה
예루살렘 마하네 예후다 시장

이스라엘의 대표 시장이에요. 이곳 사람들이 "시장(하슈크)에 가자!"라고 하면 이 시장을 뜻할 만큼 유명하답니다. 마하네 예후다 시장에 가면 조지아, 튀르키예, 이집트, 에티오피아 등 주변의 여러 국가에서 온 상인들을 만날 수 있어요.

- **위치** : 구시가지와 이츠하크 나본역 사이
- **개장 시기** : 1887년. 당시 예루살렘은 오스만 제국에 속했어요.
- **영업시간** : 월·화·수·목·일요일 오전 8시~오후 7시, 금요일 오전 8시~오후 3시. 시장을 둘러보기 좋은 시간은 상점 대부분이 문을 여는 오전 9시 30분~오후 5시예요. 시장은 안식일인 토요일에 문을 닫지만, 저녁이 되면 시장 안 대부분의 식당과 카페는 문을 열어요.

시장 모습
시장은 여러 구역으로 복잡하게 나뉘어 있어요. 마치 미로 같아요!

꼭 먹어요!
당근 / 후무스

어른들에게
'심슨피클센터'에 가서 다양한 올리브 피클을 맛보고, 중동 향신료도 구입하세요!

> '후무스'를 꼭 먹어 봐! 엄마는 당근을 주면서 후무스에 콕 찍어 먹으라고 하거든? 하지만 난 후무스를 피타에 발라 먹는 게 훨씬 좋아! 아, 매운맛 후무스도 있으니까 잘 보고 먹어야 해!

마리암 S. (7세)

꼭 구경해요!
키파는 유대인 남성이 머리를 가리기 위해 쓰는 전통 모자예요. '키파맨'에 가면 키파 종류가 아주 많아요!

'할바킹덤'에 가서 중동의 대표 간식 할바를 맛보세요. 강정과 비슷한데, 훨씬 부드러워요.

שוק לוינסקי
텔아비브 레빈스키 시장

도시 한가운데에 있는 레빈스키 시장에 가면 향신료 냄새가 코를 찔러요. 희귀한 향신료도 살 수 있고, 전통 간식도 맛볼 수 있어요.

- **위치** : 레빈스키 거리
- **개장 시기** : 1930년대. 유대인 수천 명이 그리스에서 팔레스타인으로 이주했던 시기예요. 유대인들이 텔아비브 플로렌틴 지구에 정착하면서 이곳에 작은 시장이 생겼어요.
- **영업시간** : 월·화·수·목·금·일요일 오전 9시~오후 5시

시장 모습

길을 사이에 두고 작은 상점과 노점 들이 보도 양옆으로 줄지어 있어요. 전통 시장의 모습은 아니에요.

꼭 구경해요!

텔아비브에는 '반려견 산책 도우미'가 있어요. 한 사람이 한 번에 여러 마리의 개를 산책시켜요. 시장에서 반려견 산책 도우미를 만나면, 개를 몇 마리나 산책시키고 있는지 꼭 세어 보세요!

어른들에게

'아르마 카페'는 커피나 차를 마시는 곳이 아니에요. 건강에 좋은 약초, 향긋한 허브 등을 파는 곳이랍니다. 아이들은 지루할 수 있지만, 어른들은 아주 좋아할 거예요!

꼭 먹어요!

바클라바는 여러 겹의 얇은 반죽 사이에 꿀, 견과류가 가득 들어 있는 이스라엘 대표 간식이에요. 아주 달콤하고 고소해요! 어른들에게는 카다몬이 들어간 커피를 추천해요.
카다몬은 생강과 식물인데, 중동에서 향신료로 쓰여요. 살짝 알싸한 맛과 향이 난답니다.

반려견 산책 도우미

2월 칠레

칠레에는 마을마다 크고 작은 시장이 있고, 거리 곳곳에는 작은 상점과 노점 들이 늘어서 있어요. 사람들은 식재료나 음식 대부분을 시장과 시장 주변의 상점에서 구입한답니다. 금요일이나 토요일에 장을 보는 사람이 많아서 이때는 시장이 문을 닫지 않아요.

성게를 손질하는 방법을 몰라도 괜찮아요. 가게 주인이 깔끔하게 손질해 주거든요!

어떤 장바구니를 가져가나요?

대부분 들기 편한 가방을 가져가요. 가끔 어떤 사람들은 슈퍼마켓에서 사용하는 쇼핑 카트를 밀고 다니기도 해요!

알면 유용한 표현

칠레는 공용어로 스페인어를 사용해요.

- Buenos días(부에노스 디아스) : 안녕하세요.
- Sí(씨) / No(노) : 네. / 아니요.
- Gracias(그라시아스) : 감사합니다.
- Permiso(페르미소) : 실례합니다.
- De nada(데 나다) : 천만에요.
- Quisiera(키시에라) ~ : ~ 하고 싶어요.

한국과 계절이 반대인 칠레

칠레는 남반구에 위치하기 때문에 북반구에 있는 한국과 계절이 반대예요. 한국의 겨울철인 2월은 칠레의 여름이랍니다. 이 시기가 되면 칠레에서 생산된 맛있는 과일이 한국으로 들어와요. 2월에 포도나 생블루베리를 구입한다면, 원산지를 꼭 확인해 보세요. 대부분 칠레산일 테니까요!

가장 작은 단위의 칠레 지폐

'1000페소'로 감자 또는 당근 1kg을 살 수 있어요.

많이 찾는 식재료

- 닭고기
- 쌀
- 피망
- 호박
- 소고기
- 퀴노아
- 아보카도
- 당근
- 고추
- 생선과 해산물
- 옥수수
- 토마토
- 양파

도전! 맛있는 칠레 요리

토마티칸
(토마토 스튜)

- 양파 1개
- 토마토 2개
- 옥수수 2개(냉동 옥수수도 괜찮아요!)
- 소고기(등심 또는 안심) 500g
- 식물성 기름
- 후추
- 소금

1 옥수수는 알맹이만 따로 떼어 놓고 양파는 잘게, 토마토는 1cm 두께로 썰어 준비해요. 소고기는 소금, 후추로 밑간을 한 뒤, 기름을 두른 팬에 2분씩 앞뒤로 구워서 접시에 옮겨 식혀요.

2 소고기를 구웠던 팬에 양파를 넣고 센불에서 황금색이 될 때까지 5~8분 정도 볶아요. 여기에 손질해 둔 옥수수 알맹이, 토마토를 넣고 틈틈이 저어 가며 5~7분 동안 익혀요.

3 소고기를 얇게 썰어 팬에 넣고, 익힌 채소와 함께 3~4분 정도 보글보글 끓여요. 채소에서 물이 나오니 따로 물을 넣지 않아도 돼요. 싱거우면 소금, 후추로 간을 맞춰요. 토마티칸은 흰쌀밥이나 빵과 곁들여 먹는, 칠레의 대표 가정식입니다.

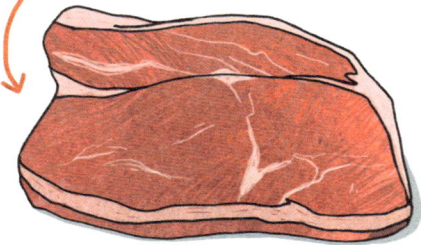

Mercado Central de Santiago
산티아고 중앙 시장

칠레의 다양한 먹거리를 구경할 수 있는 종합 시장이에요. 하지만 사람들은 주로 생선과 해산물을 사러 중앙 시장에 온답니다. 시장 건물은 산티아고에서 가장 아름다운 건축물로 손꼽혀요.

- **위치** : 푸엔테 칼 이 칸토역 근처의 이스마엘 발데스 베르가라 거리
- **개장 시기** : 1872년. 시장이 문을 열기 전에는 이 자리에 쓰레기 매립지가 있었어요.
- **영업시간** : 월·화·수·목·금요일 오전 6시~오후 10시, 토요일 오전 7시~오후 10시, 일요일 오전 9시~오후 10시

시장 모습
지붕과 기둥은 스코틀랜드에서 들여온 철제로 만들어졌고, 건물 안 곳곳에는 기하학무늬와 그림이 새겨져 있어요.

꼭 구경해요!
해산물 식당인 돈데 아우구스토 벽에는 축구 선수단 유니폼들이 걸려 있어요. 중앙 시장의 아주 유명한 볼거리예요.

꼭 먹어요!

콤플레토 이탈리아노

난 '콤플레토 이탈리아노'를 너무너무 좋아해! 이게 뭐냐고? 빵을 반으로 갈라서 소시지, 토마토, 아보카도를 넣고, 마요네즈를 뿌린 핫도그야. 양파 토핑을 추가해서 먹기도 하지만, 난 그냥 먹어. 양파를 싫어하거든!

메르세데스 D. (11세)

성게
맛조개
고둥
킹크랩

조개 종류가 무척 다양해요. 모양이 조금 낯설더라도 가까이 가서 구경해 보세요!

Mercado Típico Caleta de Angelmó
푸에르토몬트 앙헬모 수산시장

싱싱한 생선을 구입하고 싶다면 앙헬모 수산시장에 가 보세요. 시장이 바닷가 바로 앞에 있어서 어부들이 갓 잡은 신선한 수산물을 곧장 가판대로 가지고 오거든요!

- **위치** : 푸에르토몬트 버스 터미널 근처 (걸어서 10분)
- **개장 시기** : 1970년대. 1800년대 말부터 이 자리에 항구가 있었어요.
- **영업시간** : 매일 오전 6시~오후 8시

시장 모습
바닷가 앞 목조 건물이 시장이에요. 건물 일부가 바다 쪽으로 튀어나와 있어요. 바다 깊숙이 기둥을 박아 건물을 지탱하도록 했답니다.

꼭 구경해요!
크기와 모양이 다양한 어선들, 물속에서 얼굴을 빼꼼 내밀거나 부표 위에 올라가 앉아 있는 바다사자를 구경하세요.

어른들에게
칠레에는 수산물 말고도 유명한 게 또 있어요. 푸에르토몬트 근처의 칠로에섬에서 재배한 아주 큰 코끼리마늘이죠!

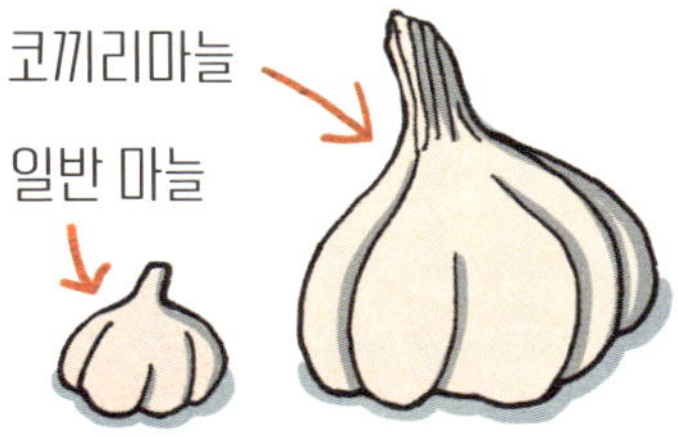

코끼리마늘
일반 마늘

꼭 먹어요!
칠레의 대표 길거리 간식인 소파이야는 밀가루 반죽을 바삭하게 튀긴 둥근 빵이에요. 칠레 일부 지역에서는 반죽에 호박을 넣기도 해요.

3월 태국

태국은 1970년대가 되어서야 슈퍼마켓이 생기기 시작했어요. 그래서 태국 사람들에게 전통 시장은 지금까지도 생필품을 살 수 있는 중요한 장소 중 하나랍니다. 식료품뿐 아니라 전통 의상, 공예품 등을 파는 가게도 많아서 현지인보다 관광객이 더 많이 찾는 시장도 있어요.

성별에 따른 존칭어

태국에서는 대화할 때 말끝에 존칭어를 붙이는 것이 예의예요. 여성은 '카'를, 남성은 '크랍'을 붙여요. 그래서 여성이 누군가에게 "안녕하세요!" 하고 인사를 건넬 때는 "사와디 카!"라고 해요.

사와디 크랍!

사와디 카!

어떤 장바구니를 가져가나요?

예전에는 대나무 바구니를 가지고 다녔어요. 하지만 요즘은 주로 튼튼한 플라스틱 바구니를 들고 시장에 가요.

알면 유용한 표현

- Sawadee(사와디) : 안녕하세요.
- Khop khun(콥쿤) : 감사합니다.
- Khor tho(코토) : 미안합니다.
- Chai(차이) / Mai Chai(마이 차이) : 네. / 아니요.
- Mai phet(마이 펫) : 안 매워요.
- Tao rai(타오 라이) : 얼마예요?
- Kha(카) / Khrap(크랍) : 여성 / 남성이 말끝에 붙이는 존칭어

가장 작은 단위의 태국 지폐

'20밧'으로 파파야 1팩 또는 파인애플 1개를 살 수 있어요.

많이 찾는 식재료

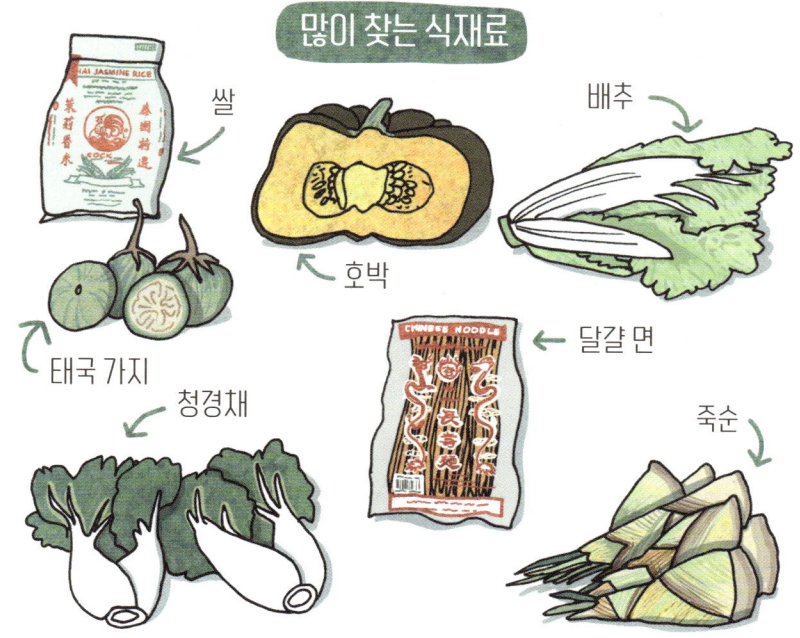

쌀, 호박, 배추, 태국 가지, 청경채, 달걀 면, 죽순

도전! 맛있는 태국 요리

팟타이까이
(닭고기를 곁들인 볶음 쌀국수)

1 면을 찬물에 넣고 30분 이상 불려요. (불리는 방법은 제품마다 다르니, 포장지의 조리법을 참고하세요.) 불린 면의 물기를 짝 빼서 그릇에 담아 둬요.

납작한 쌀국수 250g, 마늘 3쪽, 싱싱한 고수 1단, 라임 2개, 해바라기유, 피시 소스, 닭 넓적다리 살 2덩이, 쪽파 6줄기, 붉은 참깨 4큰술, 흑설탕 1큰술

2 마늘, 고수 줄기, 라임 껍질을 잘게 다져요. (붉은 고추를 넣어도 돼요!) 닭고기는 얇게 저미고, 쪽파는 송송 썰고, 숙주나물은 깨끗하게 씻어서 따로 담아 둬요.

숙주나물 100g, 달걀 2개

3 센불에 달군 큰 프라이팬에 해바라기유를 둘러요. 기름에서 연기가 나기 시작하면 다져 놓은 재료를 넣고, 향이 날 때까지 1분 정도 볶아요. 그런 다음 닭고기, 쪽파 반, 숙주나물 반을 넣고 2분 동안 볶아요.

4 불린 면, 라임즙, 피시 소스, 흑설탕을 넣고 2분 더 볶아요. 그릇에 달걀을 풀어 팬에 조금씩 부으며 달걀이 익을 때까지 잘 섞어요. 접시에 담아 고수잎, 볶은 참깨, 남은 쪽파와 숙주나물을 곁들이면 완성!

ตลาดน้ำอัมพวา
암파와 수상 시장

오래된 어부 마을에 있는 수상 시장이에요. 매끌롱강 물길을 따라 들어선 시장에서는 식재료, 생활용품, 기념품 등 다양한 물건을 팔아요. 배를 타고 가다 보면 사원과 전통 목조 수상 가옥도 볼 수 있어요. 현지인과 관광객 모두에게 아주 인기가 많답니다.

- **위치** : 왓 암파와 체티야람 사원 근처의 매끌롱강 위(방콕 시내에서 차로 약 1시간 30분)
- **개장 시기** : 2004년
- **영업시간** : 금·토·일요일 오후 2시~오후 9시. 오후 3시경은 손님들이 몰려들기 전이어서 천천히 둘러보기 좋은 시간이에요.

시장 모습
강을 따라 작은 상점들이 늘어서 있고, 강가에는 나무 탁자가 있어요. 사람들은 길거리 음식을 사서 탁자에 자리를 잡아요. 배 위에서 물건을 파는 상인들도 있는데, 사람들이 손짓하면 배를 움직여 강가로 가요.

꼭 구경해요!
암파와는 반딧불이의 주요 서식지예요. 저녁에 배를 타고 반딧불이를 구경하는 보트 투어가 아주 유명하답니다. 운이 좋으면 깜빡거리는 불빛으로 뒤덮인 나무를 볼 수도 있어요!

꼭 먹어요!
갓 잡은 새우와 오징어를 배 위에서 바로 구워 줘요. 종류별로 맛보세요!

카놈크록은 둥근 모양의 촉촉한 코코넛 쌀빵이야. 취향에 따라 반죽 속에 부추, 옥수수 같은 재료를 넣을 수 있어. 달콤하고 쫀득한 게 정말 맛있어!

← 아농 W. (7세)

คลองเตยตลาด
방콕 끌렁떠이 시장

방콕에서 가장 크고, 가장 저렴하고, 가장 인기 있는 시장이에요. 신선한 과일, 채소, 육류, 해산물 등 다양한 식재료를 팔아요. 살아 있는 개구리와 귀뚜라미 같은 식용 곤충도 있답니다! 관광객보다는 현지인이 많아요.

- **위치** : 퀸 시리킷 내셔널 센트럴역 근처(걸어서 5분)
- **개장 시기** : 1980년대
- **영업시간** : 매일 24시간. 신선한 식재료는 이른 아침에 가장 많아요.

시장 모습
노점, 포장마차 등 작은 상점들이 다닥다닥 붙어 있어요.

꼭 구경해요!
커다란 바구니가 달린 수레에 사람들이 구입한 물건을 담아서 날라 주는 짐꾼들이 있어요!

잠깐 기다려 주세요. 과일 좀 사고요!

오토바이를 조심하세요. 아주 빠른 속도로 시장을 가로질러 다니기도 하거든요.

어른들에게
바삭한 귀뚜라미튀김 어떠세요?

꼭 먹어요!
두리안은 냄새가 고약해서 먹을 수 없을 것 같지만, 껍질을 벗겨서 과육을 한입 먹으면 달콤한 맛이 나요.

4월 스페인

스페인은 마을마다 시장이 있어요. 사람들은 시장 곳곳을 구경하면서 장 보는 것을 아주 좋아해요. 규모가 큰 시장은 거의 매일 문을 연답니다. 거리 시장은 보통 일주일에 하루 열리는데, 지역마다 정해진 장날이 따로 있어요.

많이 찾는 식재료

가지, 주키니호박, 아티초크, 마늘, 병아리콩, 콩, 생선, 해산물

알면 유용한 표현 (스페인어 / 카탈루냐어)

스페인은 공용어가 많아요. 대부분 스페인어(카스티야어)를 사용하고, 바르셀로나가 있는 카탈루냐 지역에서는 카탈루냐어를, 바스크 지역에서는 바스크어를, 갈리시아 지역에서는 갈리시아어를 사용해요.

- Hola(올라) / Hola(올라) : 안녕하세요.
- Buenos días(부에노스 디아스) / Bon dia(봉 지아) : 좋은 아침이에요.
- Adiós(아디오스) / Adéu(아데우) : 안녕히 계세요.
- Gracias(그라시아스) / Gracies(그라시에스) : 감사합니다.

안녕하세요!

어떤 장바구니를 가져가나요?

주로 바퀴 달린 가방을 가지고 가요. 스페인의 몇몇 슈퍼마켓이나 시장에는 바퀴 달린 가방을 세워 두는 공간도 있어요.

도전! 맛있는 스페인 요리

감자 토르티야

혹시 '토르티야' 하면 옥수수나 밀가루로 만든 동그란 모양의 납작한 빵이 떠오르나요? 하지만 스페인의 토르티야는 빵이 아니라 두툼한 오믈렛이랍니다.

감자 500g

1. 감자와 양파는 껍질을 벗겨 얇게 썰어요. 팬에 올리브유를 넉넉히 두르고 중불에 감자를 튀기듯이 볶아요. 감자가 골고루 익었다면 양파를 넣고 중불에서 1~2분 더 볶아요. 양파가 투명해질 때까지 볶으세요!

양파 1개

소금

엑스트라 버진 올리브유 →

달걀 5개

2. 감자와 양파를 채에 밭쳐 기름을 걸러요. 그릇에 달걀과 소금 한 꼬집을 넣고 섞어요. 기름이 빠진 감자와 양파를 달걀물에 넣고 잘 섞어서 10분 정도 그대로 두어요.

가장 작은 단위의 스페인 지폐

'5유로'로 해산물튀김 1봉지를 살 수 있어요. 오징어, 꼴뚜기, 새우, 생선 등 해산물 종류가 다양한 모둠 튀김이에요.

3. 달궈진 팬에 올리브유를 살짝 두른 다음, 달걀물을 팬에 붓고 약불에 구워요. 토르티야의 가장자리가 노릇노릇해지면 뒤집어요. 뒤집는 방법은 간단해요. 토르티야를 접시 위에 밀어 옮기고, 그 위에 다른 접시를 엎어 전체를 반대로 뒤집으면 돼요. 그런 다음 그대로 다시 팬에 밀어 넣어 다른 면을 익혀요. 5분 정도 더 익히면 감자 토르티야 완성! 뜨겁게 먹어도 맛있지만, 실온에서 식혀 먹으면 훨씬 더 맛있답니다.

Mercat de Sant Josep de la Boqueria
바르셀로나 보케리아 시장

매일 수만 명의 사람들이 보케리아 시장을 찾아요. 전 세계적으로 유명해서 현지인뿐 아니라 관광객도 아주 많아요.

- **위치**: 람블라 거리. 람블라 거리는 카탈루냐 광장에서 콜럼버스 동상이 있는 해안까지 이어진 보행자 전용 도로예요.
- **개장 시기**: 1200년대. 당시 고기와 채소만 파는 시장이었고, 1840년에 '보케리아 시장'이라는 이름으로 개장했어요. 실내 시장으로 바뀐 것은 1914년이에요.
- **영업시간**: 월·화·수·목·금·토요일 오전 8시~오후 8시 30분

시장 모습

정문을 바라보고 서면, 금속으로 만든 기둥과 지붕이 한눈에 들어와요. 금속을 도려내거나 깎아서 무늬를 만들었어요.

보케리아 시장에는 매일 수많은 관광객이 찾아와요. 현지인들은 관광객 때문에 시장 물가가 올랐다고 불평을 쏟아 내기도 해요.

영국 관광객 헬렌

"내가 어렸을 때만 해도 관광객이 이렇게 많지는 않았거든요?"

바르셀로나 토박이 데우 아주머니

꼭 구경해요!

시장 한편에 작은 식당 '피노쵸 바'가 있어요. 피노쵸는 '피노키오'를 뜻해요. 앉아 있거나 매달려 있는 피노키오 인형들을 꼭 구경하세요!

스페인어를 할 수 있나요?

바르셀로나 사람들은 카탈루냐어를, 산세바스티안 사람들은 바스크어를 공식 언어로 사용하고 있어요. 이 도시들을 여행하게 된다면 스페인어(카스티야어) 외에 각 지방의 공식 언어를 알아가는 것도 좋겠죠?

꼭 먹어요!

파인애플 망고 맛
블랙베리 바나나 맛
키위 맛
수박 맛
딸기 바나나 맛

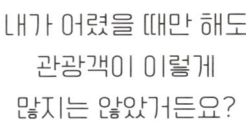

"보케리아 시장에서 파는 과일 스무디는 정말 맛있어! 난 딸기 코코넛 맛을 가장 좋아해. 엄마는 내가 스무디를 사 달라고 할 때마다 관광객한테나 인기 있는 게 아니냐고 하시지만, 난 상관하지 않고 먹겠다고 해!"

← 파우 F. (9세)

어른들에게

'하몬'은 돼지 뒷다리를 소금에 절인 생햄이에요. 시장 입구에 미리 포장해 놓은 하몬을 파는 가게들이 있어요. 하지만 안쪽으로 조금만 들어가면 더 저렴하고 품질이 좋은 하몬이 많이 있답니다!

32

Mercado de la Bretxa
산세바스티안 브레차 시장

1970년대 초, 산세바스티안에 미슐랭 스타를 받은 식당이 크게 늘면서 이 도시는 '유럽 미식의 수도'가 되었어요. 브레차 시장은 산세바스티안에서 가장 오래된 시장이에요.

- **위치** : 수마르디아 대로 근처
- **개장 시기** : 1871년. 1999년에 쇼핑몰의 형태로 바뀌었고, 신선한 식재료를 파는 상점들은 쇼핑몰 지하로 옮겨 갔어요.
- **영업시간** : 월·화·수·목·금·토요일 오전 8시~오후 9시

시장 모습
커다란 아치 모양 창문이 있는 아름다운 건물이 바로 시장이에요. 안으로 들어가면 상점들이 줄지어 있어요.

꼭 구경해요!
토요일에는 건물 바로 앞에서 야외 시장이 열려요. 현지 농부들이 직접 만든 치즈, 제철 과일과 채소 등을 가지고 나와서 팔아요.

정원에서 직접 기른 꽃을 파는 파블로 사발라

농장에서 갓 따 온 채소를 가지고 나온 아기레우레타 아주머니

꼭 먹어요!
바스크 치즈 케이크는 겉이 탄 듯 그을려 있는 게 특징이에요. 바스크 지방에서 처음 만들어졌어요. 크림 치즈 향과 맛이 무척 진하고 식감은 폭신폭신 부드러워요.

어른들에게
이디아사발은 양젖으로 만든 치즈로, 바스크 지역에서만 생산돼요. 독특한 훈제 향과 달콤한 과일 향이 어우러져 있답니다.

5월 프랑스

프랑스는 '시장 천국'이라고 불러도 될 만큼 시장이 많아요! 대부분 마을에서 일주일에 한 번씩 장이 열리고, 규모가 조금 큰 마을에서는 일주일에 두 번, 심지어는 매일 열리기도 해요. 파리 같은 대도시에는 구역마다 크고 작은 규모의 시장이 있답니다.

많이 찾는 식재료

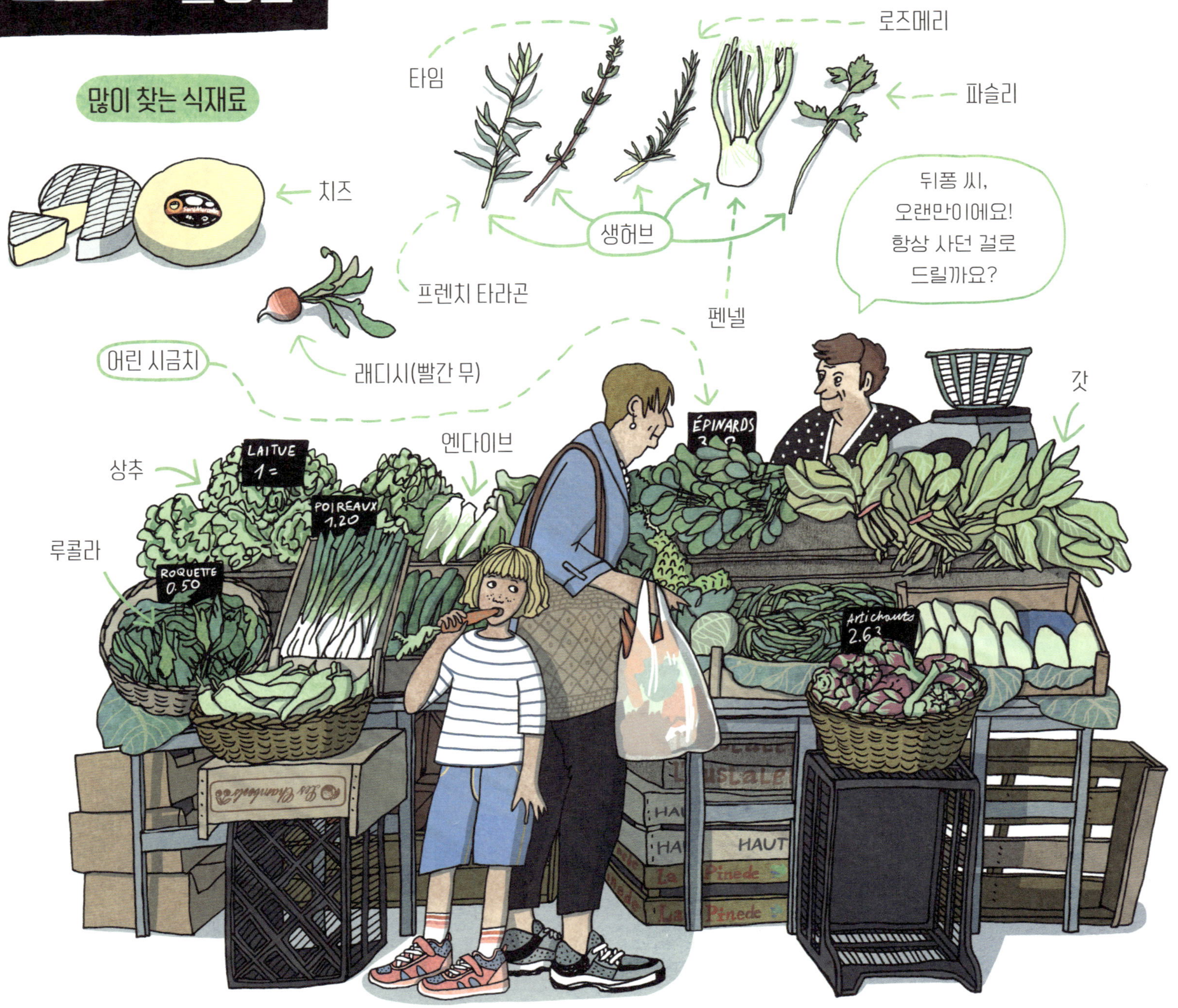

타임
로즈메리
파슬리
치즈
생허브
프렌치 타라곤
펜넬
래디시(빨간 무)
뒤퐁 씨, 오랜만이에요! 항상 사던 걸로 드릴까요?
어린 시금치
엔다이브
갓
상추
루콜라
LAITUE 1=
POIREAUX 1,20
ROQUETTE 0.50
ÉPINARDS
Artichauts
HAUT

알면 유용한 표현

- Bonjour(봉주르) : 안녕하세요.
- S'il vous plaît(실 부 플레) : 부탁합니다.
- Merci(메르시) : 감사합니다.
- C'est combien(세 꽁비앵) : 얼마예요?
- Je voudrais(주 부드레) ~ : ~ 하고 싶어요.

어떤 장바구니를 가져가나요?

주로 가죽끈이 달린 밀짚 가방을 가져가요. 어깨에 메거나 들 수도 있고, 무척 튼튼하거든요. 하지만 물건을 많이 사야 하는 날에는 바퀴 달린 가방이 좋아요.

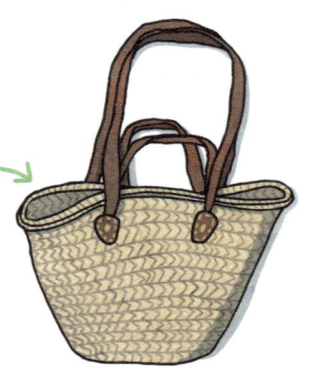

가장 작은 단위의 프랑스 지폐

'5유로'로 딸기 1통을 살 수 있어요.

도전! 맛있는 프랑스 요리
메스클랭 샐러드

프랑스 남부 프로방스 지방의 전통 샐러드로,
메스클랭은 프로방스어로 '섞다'라는 뜻이에요.
처빌, 루콜라, 상추, 엔다이브 등 어린잎 채소가 주재료인데,
채소 종류는 취향에 맞게 바꾸어도 돼요!

- 잎상추
- 엔다이브
- 처빌
- 루콜라
- 작고 어린 샐러드용 채소 약 5줌
- 소금 1/2큰술
- 마늘 1쪽
- 레드 와인 식초 2큰술
- 올리브유 2큰술
- 후추 1/3큰술

1 채소의 상한 잎들을 골라낸 뒤, 큰 잎들은 두세 조각으로 찢어요. 채소를 큰 볼에 담아 찬물에 씻고, 씻은 채소를 탈수기에 넣어서 물기를 없애요. 물기를 완전히 빼야 해요!

2 마늘, 후추, 소금을 절구에 다진 뒤 식초를 넣고 섞어요. 5분 후에 섞어 놓은 재료와 올리브유를 작은 병에 넣고 잘 흔들면 '비네그레트소스'가 완성돼요. 프로방스 지방의 가장 대중적인 소스로, 다른 재료와 방법으로도 만들 수 있어요.

3 채소들을 큰 접시에 담고 소스를 뿌린 뒤 잘 버무리면 완성! 만들어서 바로 먹는 게 좋아요.

Marché aux fruits, légumes et marée du Cours Saleya
니스 쿠르 살레야 청과·수산시장

니스에서 가장 유명하고 오래된 시장이에요. 싱싱한 채소와 과일, 햄, 치즈, 기념품 등 다양한 물건을 팔아요. 현지인뿐 아니라 관광객도 많이 방문한답니다.

- **위치** : 구시가지의 살레야 거리(해변과 가까워요.)
- **개장 시기** : 1861년. 나폴레옹 3세가 황제로 있던 시기예요. 나폴레옹 3세는 우리가 잘 알고 있는 나폴레옹 보나파르트의 조카랍니다.
- **영업시간** : 화·수·목·금·토·일요일 오전 6시~오후 1시 30분. 카페와 식당은 저녁에도 영업해요.

시장 모습
줄무늬 천막 지붕이 있는 가판대가 보이면, 살레야 시장에 거의 다 온 거예요!

꼭 구경해요!
살레야 꽃 시장에도 가 보세요. 바다를 등지고 시장을 바라보고 서서 왼쪽으로 1분 정도 걸어가면 나와요.

엄마, 소카 사 갈까요?

꼭 먹어요!
니스의 전통 간식 소카를 맛보세요! 소카는 병아리 콩가루로 만든 반죽을 납작하게 구운 빵이에요. 니스에서 가장 유명한 소카 가게는 테레사의 집이랍니다.

저는 살레야 시장에 오면 피살라디에르를 꼭 먹어요! 피살라디에르는 반죽 위에 절인 멸치와 졸인 양파를 토핑으로 올려 구운 요리인데, 피자와 비슷해요. 졸인 양파의 달달함과 멸치의 짭조름한 맛이 아주 잘 어울려요!

← 나탈리 D. (7세)

Les Halles de Lyon Paul Bocuse
리옹 폴 보퀴즈 시장

세계 미식의 도시인 리옹에서 꼭 가 봐야 하는 식품 전문 실내 시장이에요. 리옹뿐 아니라 전 세계 유명 셰프들이 자주 찾는 곳이랍니다. 시장 이름은 리옹이 낳은 전설적인 셰프 '폴 보퀴즈'의 이름을 따서 만들었어요.

- **위치** : 중앙 기차역 근처(걸어서 5분)
- **개장 시기** : 1859년. 1971년에 지금의 자리로 옮겨 왔고, 2000년대 초반에 현대적인 모습으로 재정비했어요.
- **영업시간** : 월·화·수·목·금·토요일 오전 7시 30분~오후 7시 30분, 일·공휴일 오전 7시 30분~오후 1시. 시장의 이모저모를 모두 구경하려면 12시 전에 방문하세요.

시장 모습
현대적인 통유리 건물이에요.

맛과 육질이 뛰어난 프랑스 브레스 닭이 전 세계에서 가장 맛있다면서요?

꼭 구경해요!
마지팬으로 만든 귀여운 피규어를 찾아보세요. 마지팬은 아몬드 가루, 슈거파우더를 섞은 반죽이에요.

꼭 먹어요!
리옹의 전통 생선 완자인 '크넬'과 '바하두리안' 식료품 가게에서 파는 설탕에 절인 과일 디저트를 꼭 맛보세요!

어른들에게
개구리 뒷다리 튀김 어때요? '바바 라 그르누이' 식당은 개구리튀김 전문이에요!

폴 보퀴즈는 누구?
프랑스 출신의 폴 보퀴즈(1926~2018)는 세계에서 가장 위대한 셰프로 손꼽혀요. '누벨퀴진'이라는 요리법을 개발해서 전통 프랑스 요리법을 간단하고 현대적으로 발전시켰어요. 폴 보퀴즈는 셰프가 받을 수 있는 모든 상을 휩쓸었어요. 세계 3대 요리 경연 대회 중 하나인 '보퀴즈 도르'도 그의 이름에서 따온 거예요.

6월 미국

대부분의 미국인은 식재료를 슈퍼마켓에서 구입해요. 그렇다고 미국에 시장이 없는 것은 아니에요. 몇몇 도시에 정기적으로 열리는 야외 시장과 장터가 있답니다. 시장은 요리와 신선한 재료에 관심이 있는 사람, 환경 보호에 앞장서는 사람, 미식가 들이 주로 찾아요. 물론 관광객도요!

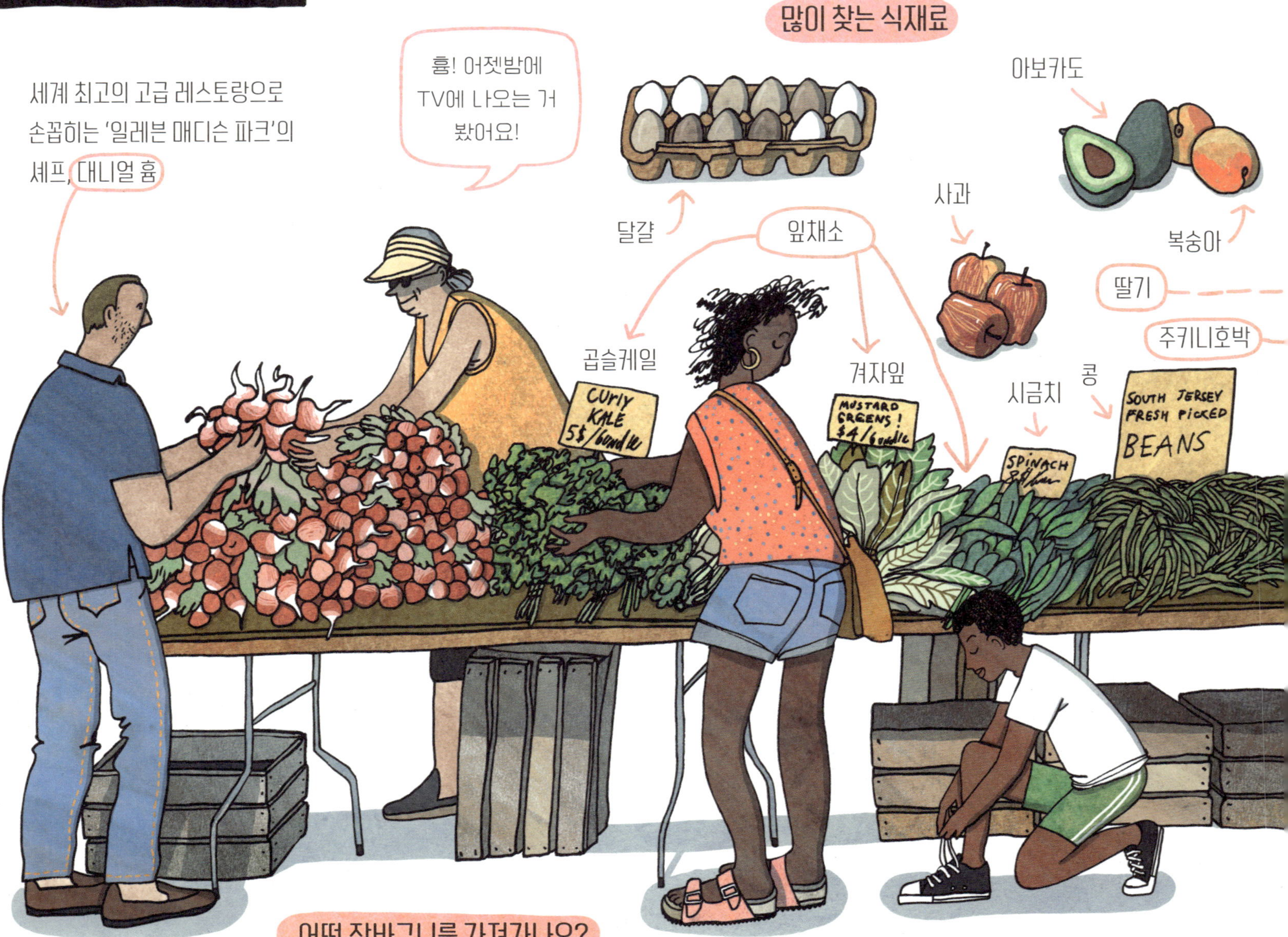

많이 찾는 식재료

- 달걀
- 곱슬케일
- 잎채소
- 겨자잎
- 사과
- 시금치
- 콩
- 아보카도
- 복숭아
- 딸기
- 주키니호박

세계 최고의 고급 레스토랑으로 손꼽히는 '일레븐 매디슨 파크'의 셰프, **대니얼 흄**

흄! 어젯밤에 TV에 나오는 거 봤어요!

어떤 장바구니를 가져가나요?

손잡이가 달린 크고 튼튼한 장바구니가 좋아요. 시장마다 로고나 이름이 인쇄된 장바구니를 팔고 있으니, 마음에 드는 걸로 구입해도 돼요.

시장 로고나 이름이 인쇄된 장바구니

알면 유용한 표현

- Hello(헬로) : 안녕하세요.
- Thank you(땡큐) : 고맙습니다.
- How much is it?(하우 머치 이즈 잇) : 얼마예요?

북아메리카가 원산지인 채소

- 테파리콩
- 세미놀호박
- 돼지감자

가장 작은 단위의 미국 지폐

'1달러'로 메이플사탕 17개를 살 수 있어요.

도전! 맛있는 미국 요리
딸기쇼트케이크

달콤하게 잘 익은 딸기 500g

설탕 110g
(딸기 재울 때 50g,
반죽 만들 때 50g
크림 만들 때 10g)

밀가루 250g

베이킹파우더 1큰술

버터 115g

1 꼭지를 떼고 딸기를 씻은 뒤, 적당한 크기로 잘라서 설탕에 잠시 재워요.

2 밀가루, 베이킹파우더, 설탕, 소금, 버터를 가볍게 비벼 가며 섞은 다음, 버터밀크를 넣고 반죽해요. 반죽이 완성되면 바닥에 밀가루를 뿌리고, 반죽을 1cm 두께로 밀어서 도우를 만들어요.

헤비휘핑크림 1컵   버터밀크 1/4컵

소금 1/4큰술

3 유리컵이나 원형 틀, 밥그릇을 이용해 반죽을 둥근 모양으로 찍어 내요. 쇼트케이크 하나에 반죽이 2장씩 필요해요. 찍어 낸 반죽을 오븐 팬에 겹치지 않게 놓고, 170°C에서 노릇노릇해질 때까지 10분 정도 구워요.

4 볼에 휘핑크림과 설탕을 넣고 걸쭉해질 때까지 휘저어요. 접시에 잘 구워진 빵 1장을 놓고, 딸기를 얹은 다음, 휘핑크림을 가득 올려요. 그 위에 빵 1장을 또 얹고, 딸기와 휘핑크림을 한 층 더 쌓으면 쇼트케이크 완성!

Union Square Greenmarket
뉴욕 유니언 스퀘어 그린마켓

뉴욕에서 가장 유명한 농산물 직거래 장터예요. 채소, 과일, 벌꿀, 꽃 등 농부가 직접 재배한 농산물을 판매해요. 제철 재료로 만든 음식들도 있어요!

- **위치** : 맨해튼의 유니언 스퀘어 공원
- **첫 영업** : 1976년. 처음에 가판대 몇 개로 시작했어요.
- **영업시간** : 월·수·금·토요일 오전 8시~오후 6시

시장 모습 가판대들이 공원을 둘러싸고 있어요.

꼭 구경해요!

'앤드루네 벌꿀' 가판대에 꼭 들르세요. 앤드루는 뉴욕의 아주아주 높은 건물 꼭대기에서 벌을 키워요. 그래서 여기 벌꿀은 '진짜' 뉴욕 벌꿀이라고 할 수 있죠. 가판대 주변에 벌들도 날아다녀요!

안녕, 우린 꿀벌이에요! 달콤한 꿀을 따라왔어요. 사람들이 우리를 공격하지 않으면, 우리도 쏘지 않아요!

어른들에게

요리에 관심 있는 어른들에게는 현지 유명 셰프의 요리 시연을 추천해요. '딸기쇼트케이크 빨리 먹기 대회'에 참가해 보는 것도 좋고요. 대회는 보통 6월에 열려요!

← 채소를 사러 온 윌슨

사이먼 그린이 쇼트케이크를 가장 먼저 먹을 것 같아요!

난 메이플시럽으로 만든 메이플사탕을 좋아해! 물론 메이플시럽도 좋아하지. 팬케이크에 뿌려 먹으면 입안에 달달함이 가득하거든!

← 마이클 B. (6세)

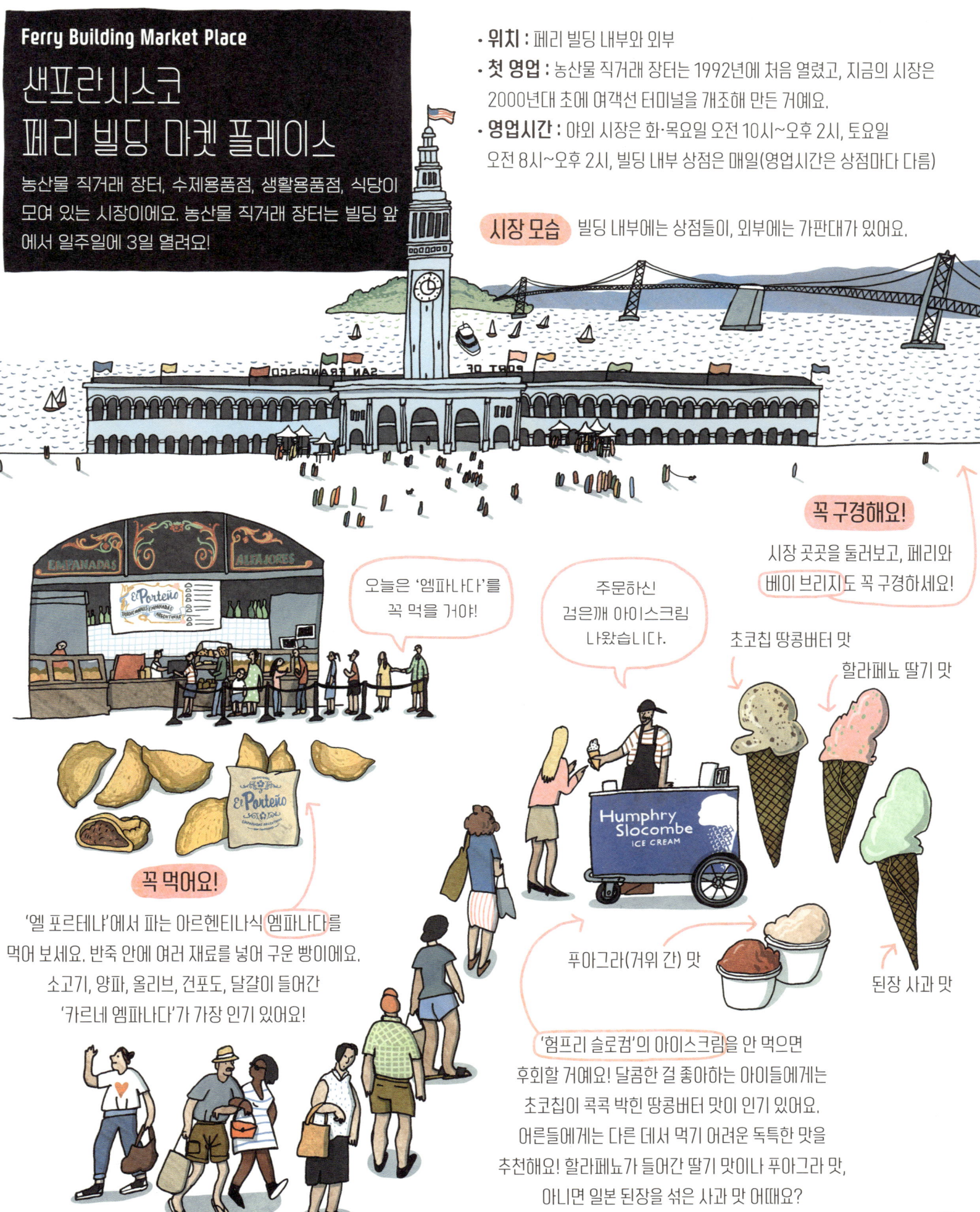

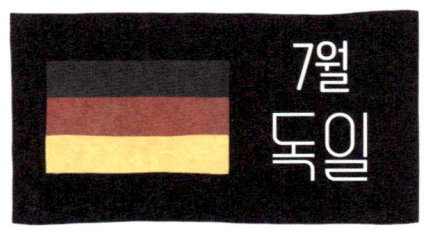

7월 독일

독일 사람들은 주로 대형 슈퍼마켓에서 쇼핑을 해요. 하지만 농산물 직거래 장터 같은 지역 시장을 이용하는 사람들도 여전히 많답니다! 독일에는 특별한 장날이 없고, 시장마다 영업시간이 달라요.

어떤 장바구니를 가져가나요?

캔버스 천으로 만든 손잡이 달린 가방을 가져가요.

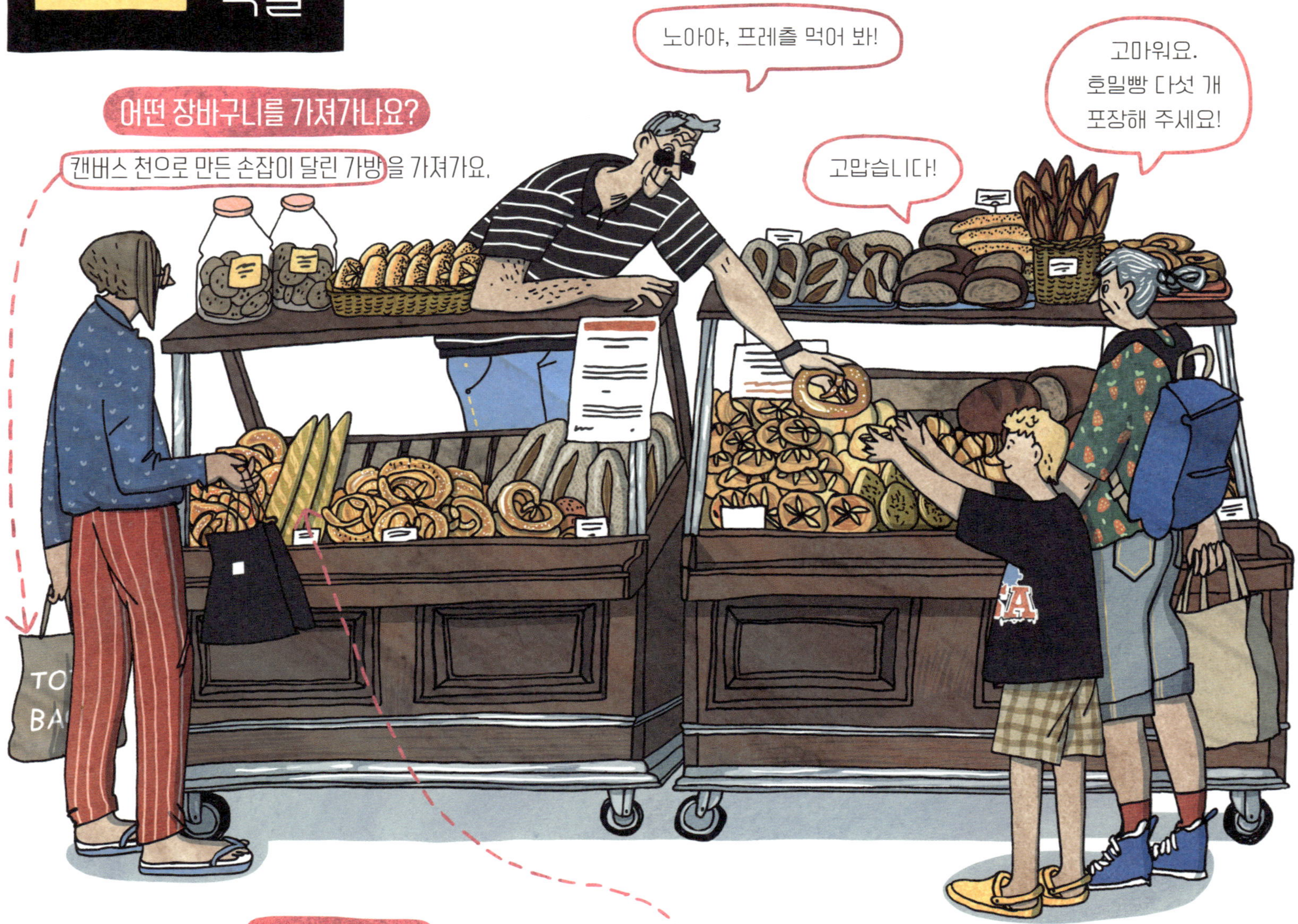

노아야, 프레츨 먹어 봐!
고맙습니다!
고마워요.
호밀빵 다섯 개
포장해 주세요!
TO
BA

많이 찾는 식재료

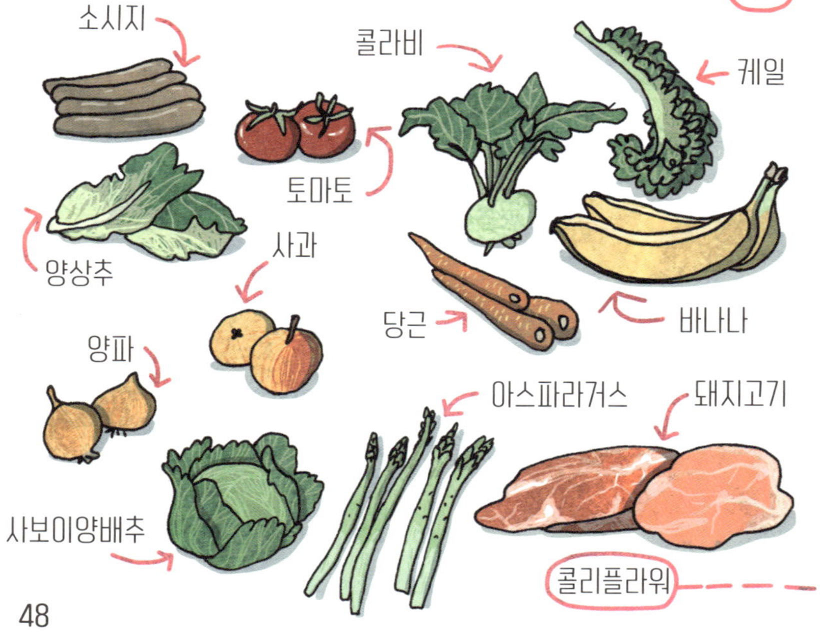

빵
소시지
콜라비
케일
토마토
양상추
사과
당근
바나나
양파
아스파라거스
돼지고기
사보이양배추
콜리플라워

가장 작은 단위의 독일 지폐

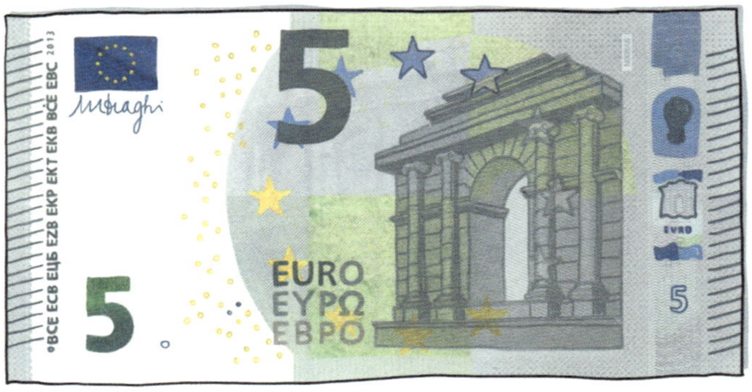

5
EURO
ΕΥΡΩ
ЕВРО

'5유로'로 중간 크기의

콜리플라워 2개를 살 수 있어요.

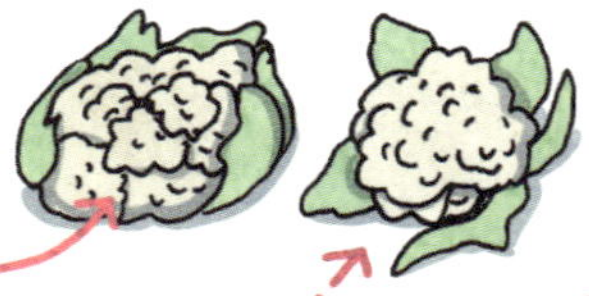

다른 나라에 잘 알려지지 않은 채소들

- 럽스티(순무잎)
- 그륀콜(곱슬케일)
- 슈바르츠부르즐 (검은 서양우엉)

알면 유용한 표현

- Guten tag(구텐 탁) : 안녕하세요.
- Danke(당케) : 감사합니다.
- Entschuldigung(엔트슐디궁) : 미안합니다.
- Wie viel macht das?(뷔 필 마흐트 다스) : 얼마예요?
- Die Rechnung, bitte(디 레흐눙 비테) : 영수증 주세요.
- Ja(야) / Nein(나인) : 네. / 아니요.

도전! 맛있는 독일 요리

독일식 감자샐러드

1. 감자를 깨끗이 씻어서 껍질째 삶아요. 15~20분 정도 삶으면 맛있게 익을 거예요. 감자가 익을 동안 오이는 잘게, 래디시는 슬라이스로, 골파는 어슷하게 썰어 두세요.

재료:
- 래디시(빨간 무) 4개
- 햇감자 500g
- 중간 크기 오이 1개
- 닭 또는 채소 육수 1/2컵
- 골파 1묶음
- 겨자 2큰술
- 올리브유 2큰술
- 소금
- 후추
- 식초

2. 육수에 겨자, 식초, 소금, 후추를 넣고 약 30초 정도 흔들어 섞으면 소스 완성이에요. 37쪽 프랑스 요리법에서처럼 병에 담아 두어도 돼요.

3. 감자가 다 익으면 먹기 좋은 크기로 조각낸 다음, 래디시, 오이, 골파와 함께 그릇에 담아요. 그 위에 소스를 뿌리고 버무려서 15분 정도 두어요. 접시에 담기 전에 맛을 보고, 싱거우면 소금과 후추를 더 넣어 입맛에 맞게 간을 맞춰요. 마지막으로 샐러드에 올리브유를 한 바퀴 돌려 뿌려 주면 완성!

Isemarkt
함부르크 이제 시장

함부르크를 지나는 철로 아래에 있는 야외 시장이에요. 유럽에서 가장 긴 시장으로 길이가 약 1km나 돼요.

- **위치** : 이제 거리, 독일 지하철 U반이 지나다니는 고가 철로 아래
- **첫 영업** : 1949년. 당시 함부르크는 제2차 세계 대전으로 폐허였어요.
- **영업시간** : 화·금요일 오전 8시 30분~오후 2시

시장 모습
철도 아래에 가판대들이 늘어서 있어서 비가 와도 걱정 없어요!

꼭 구경해요!
칼갈이 맥키 메저의 빨간색 가게를 찾아보세요. 맥키 메저가 칼 가는 모습을 구경할 수 있어요!

꼭 먹어요!
사탕 가게 '봉봉 핑겔'에 가면 다양한 사탕과 젤리, 쿠키를 팔아. 난 신맛 젤리, 곰 발바닥 쿠키를 좋아해! 아, 독일에서는 '감초'라는 약재를 넣어 만든 감초 디저트도 인기야! 그래서 한국 친구한테 선물했는데, 도저히 삼킬 수 없는 맛이라고 하더라고? 한번 먹어 볼래?

↑ 노아 M. (8세)

커다란 곰 모양 젤리

작은 새우가 듬뿍 들어간 새우 브뢰첸을 추천해요. 북해에서 잡은 새우로 만들었답니다.

감초 디저트
- 입안에서 톡톡 터지는 감초 사탕
- 감초 프레츨
- 감초 스틱 과자

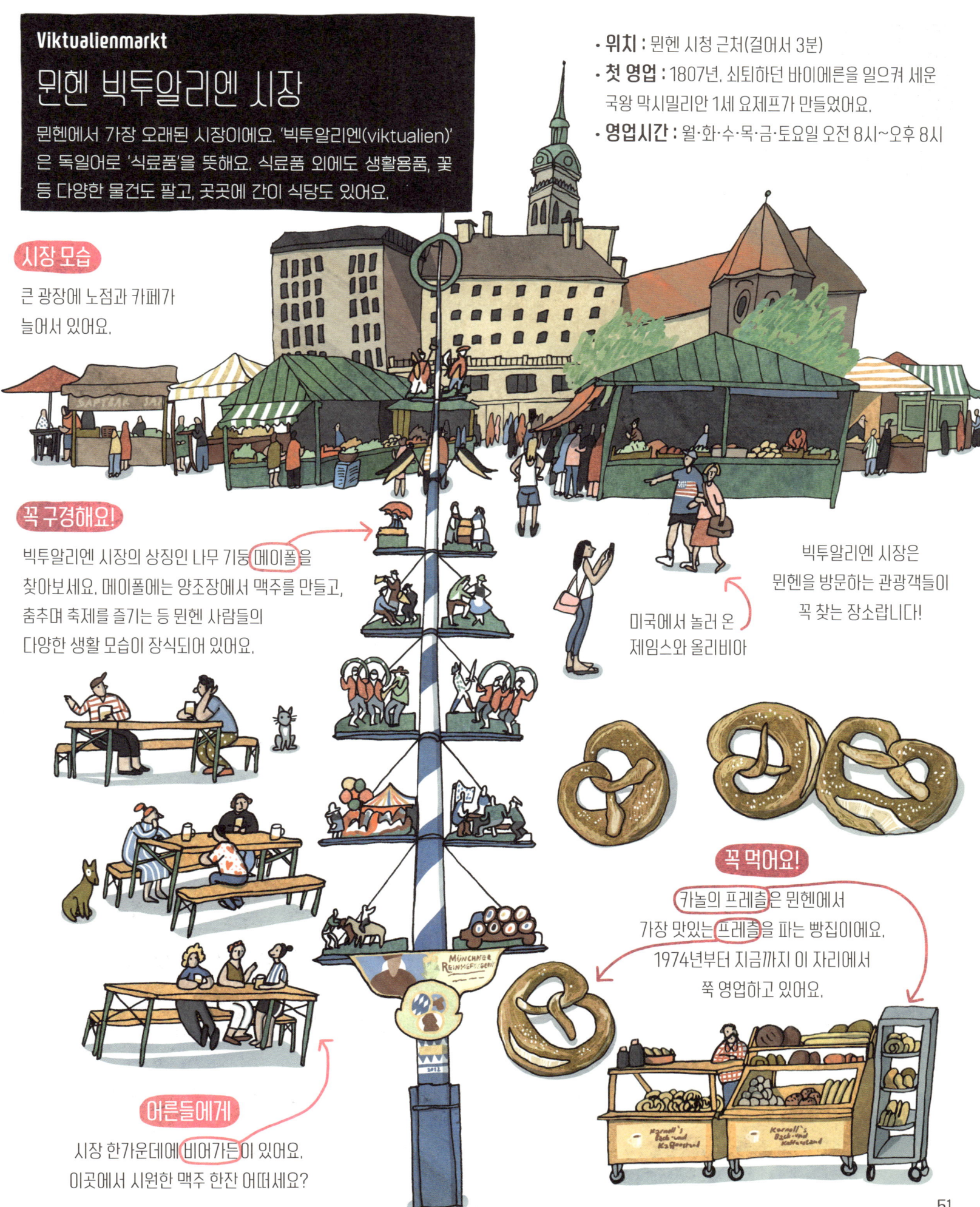

8월 러시아

러시아 사람들은 주로 토요일과 일요일에 장을 봐요. 그래서 작은 가게들은 보통 주말에 영업하고 월요일에 문을 닫는데, 시장은 거의 쉬는 날 없이 매일 문을 열어요. 시장을 자주 이용하는 사람들은 시장에서 파는 식재료가 슈퍼마켓보다 더 신선하고 품질이 좋다고 생각해요. 그래서 대형 슈퍼마켓보다는 시장을 더 선호하고, 자주 찾는답니다.

감자가 러시아에 들어오기까지

표트르 1세는 사람들이 주린 배를 채우기를 바라며 유럽에서 감자 종자를 들여왔어요. 하지만 사람들은 땅 위가 아닌 땅속에서 자라는 작물이 낯설어서 감자 심는 것을 거부했지요. 또 당시에 사람들 대부분이 농노여서 곡식 대신 감자를 심기 어렵기도 했어요. 이후 귀족들의 오랜 설득 끝에 사람들이 감자 농사를 짓기 시작했고, 지금은 감자가 러시아 사람들이 가장 좋아하는 작물 중 하나가 되었답니다.
시장에 가면 다양한 종류의 감자가 있어요. 어떤 감자는 잘 부서지고, 또 어떤 감자는 굉장히 단단해요. 그래서 튀길 때, 삶을 때, 으깰 때 등 조리법에 어울리는 감자 품종이 따로 있답니다!

이건 튀김 할 때 딱이에요!

어떤 장바구니를 가져가나요?

주로 색이 어두운 바퀴 달린 가방이나 종이 가방을 들고 시장에 가요. 구입한 물건을 비닐봉지에 담을 때도 있고요!

작은 단위의 러시아 지폐

'50루블'로 양배추파이 2개를 살 수 있어요.

• 현재 러시아에서 사용되고 있는 가장 작은 단위의 지폐는 5루블입니다.

알면 유용한 표현

- Zdravstvuyte(즈드라스트부이쩨) : 안녕하세요.
- Spasibo(스파시바) : 감사합니다.
- Izvinite(이즈비니쩨) : 미안합니다.
- Skol'ko stoit?(스꼴까 스또잇) : 얼마예요?
- Dostatochno(도스타토체노) : 충분해요.

트보록
러시아식 코티지 치즈예요. 우유를 가열해 지방을 제거한 다음 굳혀서 만들어요. 점성은 사워크림과 리코타 치즈의 중간 정도예요.

쎄미치키
껍질째 구운 해바라기씨예요. 러시아 전통 간식인데, 껍질을 까서 먹는 재미가 있어요!

많이 찾는 식재료

- 감자
- 당근
- 양파
- 딜
- 파슬리
- 닭고기
- 사워크림
- 돼지고기
- 양배추
- 토마토
- 미니 오이

도전! 맛있는 러시아 요리

우하
(민물고기로 만든 러시아식 맑은 생선 수프)

- 잉어 6마리
- 중간 크기의 민물농어
- 민물고기
- 당근 1개
- 양파 2개
- 통후추 5알
- 통백미후추 5알
- 월계수잎 2장
- 싱싱한 딜 또는 파슬리 1단
- 소금
- 후추
- 감자 6개

- 토마토 5개

① 민물농어를 머리, 몸통, 꼬리로 3등분해요. 머리와 꼬리는 따로 두고, 몸통에서 살과 뼈, 작은 가시를 발라내요.

② 찬물을 담은 냄비에 민물농어 머리와 꼬리, 손질한 잉어, 양파를 넣고 불에 올려요. 물이 끓기 시작하면 불을 줄이고 1시간 동안 더 끓여 육수를 만들어요. 그사이에 당근, 감자, 토마토는 껍질을 벗겨 작게 썰고, 미리 발라 두었던 민물농어살은 5cm 크기로 잘라요.

③ 다른 큰 냄비를 준비하고, 그 위에 체를 얹어요. 육수를 체에 부어 건더기를 걸러 내요. 육수를 다시 끓이다가 불을 줄이고 감자를 넣어요. 5분 후에 당근, 월계수잎, 통후추, 통백미후추를 넣고, 10분 후에 민물농어살과 토마토를 넣어요. 중간에 소금과 후추를 한 꼬집씩 넣어 가며 간을 조절해요. 불을 끄고 잘게 썬 딜을 넣은 다음, 뚜껑을 덮고 10~15분 정도 뜸을 들이면 완성!

Центральный рынок Ростова-на-Дону
로스토프나도누 중앙 시장

로스토프나도누는 러시아 남부에 있는 도시로, 음식이 다채롭기로 유명해요. 그래서 이 지역의 대표 시장인 중앙 시장에 가면 생선, 고기, 과일, 채소 등 다양한 종류의 식재료를 만나 볼 수 있답니다. 러시아 사람들은 로스토프나도누가 러시아의 진짜 미식 도시라고 생각해요.

- **위치** : 로스토프나도누 동방정교회 근처
- **개장 시기** : 1886년. 오래전부터 사람들이 이 자리에서 물건을 팔았어요.
- **영업시간** : 월요일 오전 8시~오후 4시, 화·수·목·금·토·일요일 오전 8시~오후 5시

시장 모습
여러 개의 건물이 있고, 건물 앞 거리에는 노점이 많아요.

보르시는 비트를 넣어 만든 붉은색 수프예요.

어머, 엘레나 이바노브나! 오랜만이야!

오늘 보르시를 만들어야 하니까 비트를 사야 해요. 사워크림도요!

각 조리법에 어울리는 감자

골루비즈나 / 로르 / 네프스키 / 리더
삶을 때 / 수프 만들 때
엘리자베스 / 알바라
튀길 때
콜로복 / 임팔라 / 나데즈다

어른들에게
쎄미치키처럼 고소한 향이 나는 구운 해바라기씨 오일을 꼭 사 가세요. 샐러드드레싱을 만들 때 활용하기 좋아요. 러시아 남부 사람들이 즐겨 먹는 수박 피클도 추천!

수박 피클

꼭 먹어요!
나는 삶은 옥수수를 정말 좋아해! 그냥 먹어도 맛있지만, 소금을 뿌리면 더 맛있어!

페트야 S. (8세)

이 가게 오일이 시장에서 가장 품질이 좋다고 홍보해요!

Селенские исады
아스트라한 셀린스키 이사디 수산시장

셀린스키 이사디 시장은 아스트라한에서 가장 크고 유명한 수산시장이에요. 볼가강이 도시를 관통해 흐르고, 카스피해가 가까이 있어서 다른 시장의 생선보다 훨씬 신선해요.

- **위치** : 포크로브스카야 광장 근처
- **개장 시기** : 이 자리에서 수산물을 사고판 지 100년 이상 됐어요. 현재의 건물은 2014년에 새로 지어졌어요.
- **영업시간** : 매일 오전 6시~오후 7시

꼭 구경해요!
생선 가게 주인들은 손님들에게 말장난을 하면서 웃음을 줘요. "비싼 먹이로 잡은 거니까 비싸요!", "행복은 살 수 없지만, 민물고기는 살 수 있지 않습니까!" 이런 식으로 말이죠.

시장 모습
붉은 벽돌 건물 안으로 들어가면 긴 통로가 있고, 양옆에 생선 가게들이 줄지어 있어요.

"이 생선은 좀 비싸요. 미끼로 사용한 먹이가 비싼 거거든요!"

"마샤! 이거 좀 봐! 정말 크지?"

맥심과 마샤는 모스크바에서 온 관광객이에요.

곳곳에 고양이가 아주 많아요. 찾아보세요!

꼭 먹어요!
철갑상어는 아스트라한의 대표 특산물이에요. 이 지역이 철갑상어의 주요 서식지거든요. 특히 훈제 철갑상어가 아주 맛있으니, 꼭 맛보세요. 민물고기인 보블라도요!

훈제 잉어

훈제 메기

작은 훈제 철갑상어

말린 쿠툼

보블라는 카스피해에서 자라는 잉어과 물고기예요. 보통 소금에 절이거나 말려서 먹어요. 종종 말린 생선을 보블라라고 하기도 해요.

혹시 생선을 썩 좋아하지 않나요? 그렇다면 이 시장에서는 먹을 만한 음식이 없을 거예요. 음식 대신 철갑상어 마그넷 같은 기념품은 어때요?

9월 중국

중국의 시장은 오래전부터 사람들이 많이 찾는 곳이에요. 지금까지도 식재료를 구입하고, 다양한 음식을 맛볼 수 있는 장소로 인기가 많아요. 시장은 현지인들이 살아가는 데 꼭 필요한 장소랍니다. 약 40년 전까지만 해도 시장이 야외에 많았지만, 지금은 실내 시장이 훨씬 더 많아졌어요.

시장에 가기 전에 간단히 식사하세요. 배가 많이 고픈 상태로 가면, 물건을 너무 많이 사게 될 테니까요!

새우꼬치 하나 드릴까요?

어떤 장바구니를 가져가나요?

바퀴 달린 가방을 많이 가져가요. 이 가방은 전 세계 어디에서나 인기가 많네요!

촬영 금지!

중국이 기원인 음식

기원전 1세기경에 실크로드를 통해 중국으로 밀이 들어왔고, 후한 때인 기원후 2세기경에 중국 사람들이 가늘고 긴 형태의 국수를 만들어 먹었다는 기록이 있어요. 또 중국 사람들은 고대 제왕인 신농씨 때부터 차를 마셨고, 유럽 사람들은 16세기에 와서야 차를 맛볼 수 있었답니다.

가장 작은 단위의 중국 지폐

알면 유용한 표현

- Nìhào(니 하오) : 안녕하세요.
- Xiè xie(셰 셰) : 감사합니다.
- Bù hǎoyìsi(뿌 하오이쓰) : 미안합니다.
- Duō shao qián(두오 샤오 첸) : 얼마예요?

'1위안'으로 잎상추 1장을 살 수 있어요.

많이 찾는 식재료

연근, 생강, 청경채, 쌀, 파, 마늘, 달걀, 죽순, 무, 가이란(중국 브로콜리), 두부, 국수, 콩나물, 중국 가지, 닭고기, 돼지고기, 스노우피(껍질째 먹는 완두콩)

도전! 맛있는 중국 요리

가이란 버섯볶음

가이란은 중국 브로콜리로 잘 알려진 아시아 채소예요.
가이란 대신 브로콜리를 사용해도 돼요.

1 생강은 껍질을 벗겨 슬라이스로 얇게 썰고, 마늘은 잘게 다지고, 버섯은 먹기 좋은 크기로 썰어요. 브로콜리는 꽃 부분과 줄기 부분으로 나누어 담아 두어요.

- 버섯(송이버섯 또는 표고버섯) 250g
- 마늘 2쪽
- 엄지손가락 크기만 한 생강 1개
- 브로콜리 450g
- 요리술 1큰술
- 식물성 기름 2큰술

- 간장 2큰술

- 참기름 2큰술

- 감자 전분 1큰술

2 달군 프라이팬에 기름을 두르고, 생강과 마늘을 30초 정도 볶아요. 버섯을 넣고 2분 더 볶은 뒤, 브로콜리 줄기를 먼저 넣고 1분 뒤 브로콜리 꽃, 간장, 요리술을 넣고 2~3분 동안 저어 가며 볶아요.

3 물 2큰술에 감자 전분을 개어 팬에 넣고 30초 정도 저어 가며 끓여요. 마지막으로 참기름을 두르면 완성! 밥과 함께 맛있게 드세요!

玉林综合市场
청두 유린 종합 시장

쓰촨(사천)성의 성도인 청두에서 가장 유명한 재래시장으로, 규모가 큰 편이에요. 채소, 과일, 곡류, 육류, 수산물, 조미료 등 쓰촨성의 특산물이 다 있답니다!

- **위치** : 팡차오제역 근처(걸어서 15분)
- **개장 시기** : 1980년대. 당시 유린은 청두에서 가장 발달한 지역이었어요.
- **영업시간** : 매일 오전 4시~오후 8시

시장 모습
1층에는 길거리 음식, 과일, 향신료를 파는 상점이 있고
2층에는 육류, 채소, 곡물을 파는 상점이 있어요.

어른들에게
중국 요리의 핵심은 향신료예요. 특히 얼얼한 맛을 내는 정통 쓰촨 후추를 꼭 사 가세요. 이름과 달리 쓰촨 후추는 우리가 요리할 때 사용하는 후추와 관련이 없어요!

꼭 구경해요!
즉석에서 뽑은 면으로 국수를 만들어 주는 포장마차가 있답니다. 특이하게 생긴 기계로 면을 뽑는데, 그 과정을 구경하는 재미가 있어요. 뽑은 면은 옆에 계속 쌓여서 거대한 면 더미가 돼요. 국수를 주문하지 않아도 괜찮으니 근처에서 구경해 보세요!

우크라이나 관광객 아이라

꼭 먹어요!
난 유린 시장에 올 때마다 탕요우궈즈를 꼭 먹어!
탕요우궈즈는 도넛꼬치야.
찹쌀 반죽을 동그랗게 빚어 튀긴 도넛에 설탕 시럽을 입혀서 꼬치에 꽂아 참깨를 뿌려 줘.
겉은 바삭하고 속은 쫀득해!

메이 C. (9세)

전 세계적으로 널리 알려진 '쓰촨 요리'는 얼얼한 매운맛이 가장 큰 특징이에요. 뜨겁고 시큼한 쓰촨식 탕, 짭짤하고 매콤한 닭고기볶음인 궁바오지딩, 고기와 해산물, 야채 등을 끓는 육수에 살짝 익혀 소스에 찍어 먹는 훠궈 등이 대표적인 쓰촨 요리예요.

盛福小关市场
베이징 성푸 샤오관 시장

중국의 수도 베이징에 자리한 작은 규모의 종합 시장이에요. 신선한 식재료를 파는 가게들이 코너별로 나누어져 있어요. 아침 일찍 문을 열고, 이른 오후에 문을 닫아요.

- **위치** : 쮜자좡역 근처(걸어서 10분)
- **개장 시기** : 1980년대
- **영업시간** : 매일 오전 6시 30분~오후 2시 30분

시장 모습
커다란 창고 형태의 시장이에요. 길거리 음식을 파는 노점이 건물을 둘러싸고 있어요.

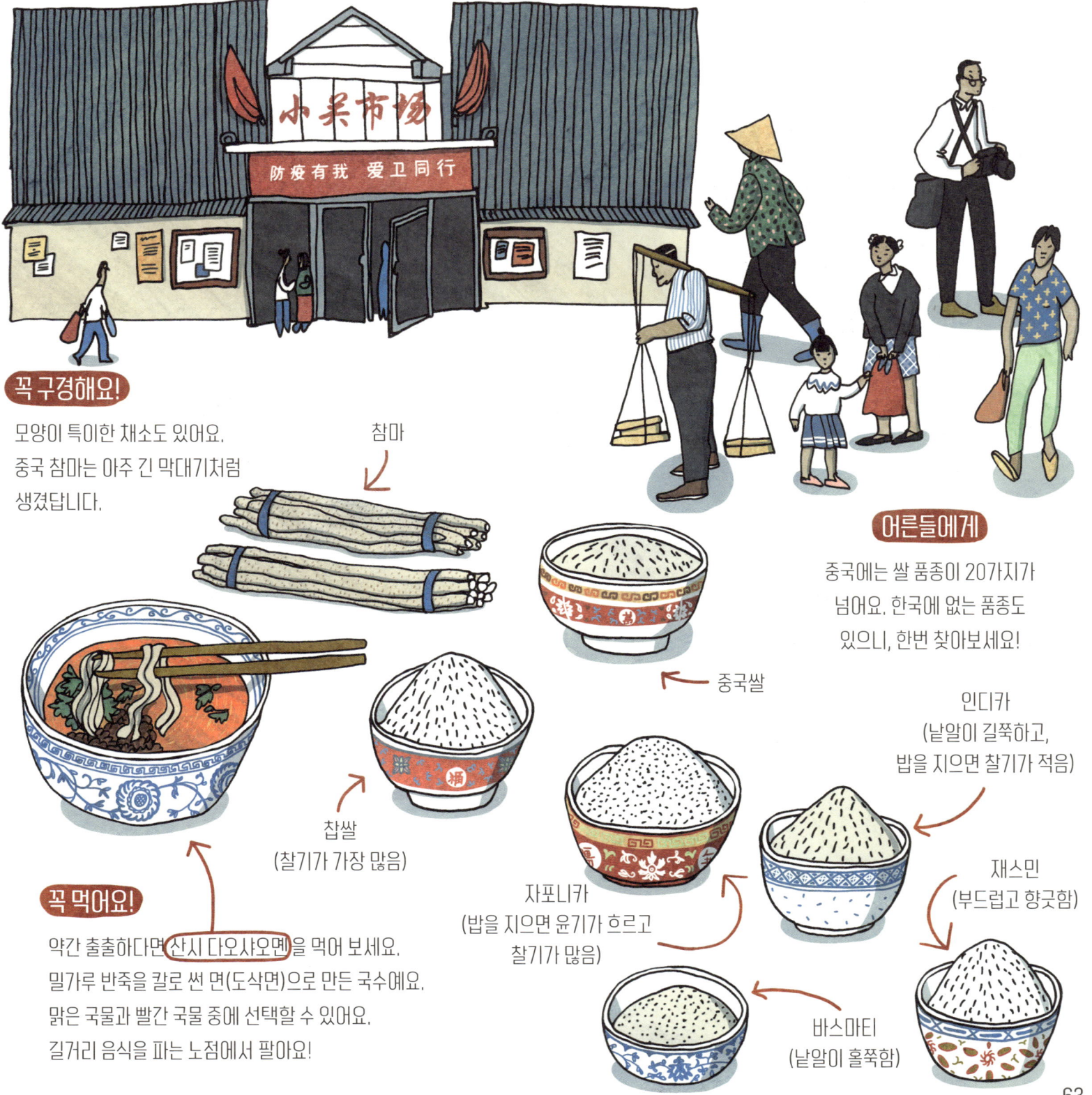

꼭 구경해요!
모양이 특이한 채소도 있어요. 중국 참마는 아주 긴 막대기처럼 생겼답니다.

참마

꼭 먹어요!
약간 출출하다면 산시 다오샤오몐을 먹어 보세요. 밀가루 반죽을 칼로 썬 면(도삭면)으로 만든 국수예요. 맑은 국물과 빨간 국물 중에 선택할 수 있어요. 길거리 음식을 파는 노점에서 팔아요!

찹쌀 (찰기가 가장 많음)

어른들에게
중국에는 쌀 품종이 20가지가 넘어요. 한국에 없는 품종도 있으니, 한번 찾아보세요!

중국쌀

인디카 (낱알이 길쭉하고, 밥을 지으면 찰기가 적음)

재스민 (부드럽고 향긋함)

자포니카 (밥을 지으면 윤기가 흐르고 찰기가 많음)

바스마티 (낱알이 홀쭉함)

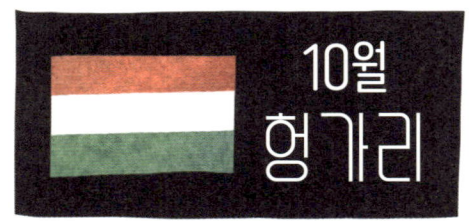

10월 헝가리

헝가리어로 일요일(vasárnap)에는 '물건을 사다(vásárol)'라는 뜻이 담겨 있어요. 오래전부터 일요일이 헝가리 사람들의 장날이라는 것을 의미하지요. 하지만 요즘에는 금요일이나 토요일에 장을 보는 사람이 많아서 작은 마을에서는 이 요일에 맞추어 장이 열려요.

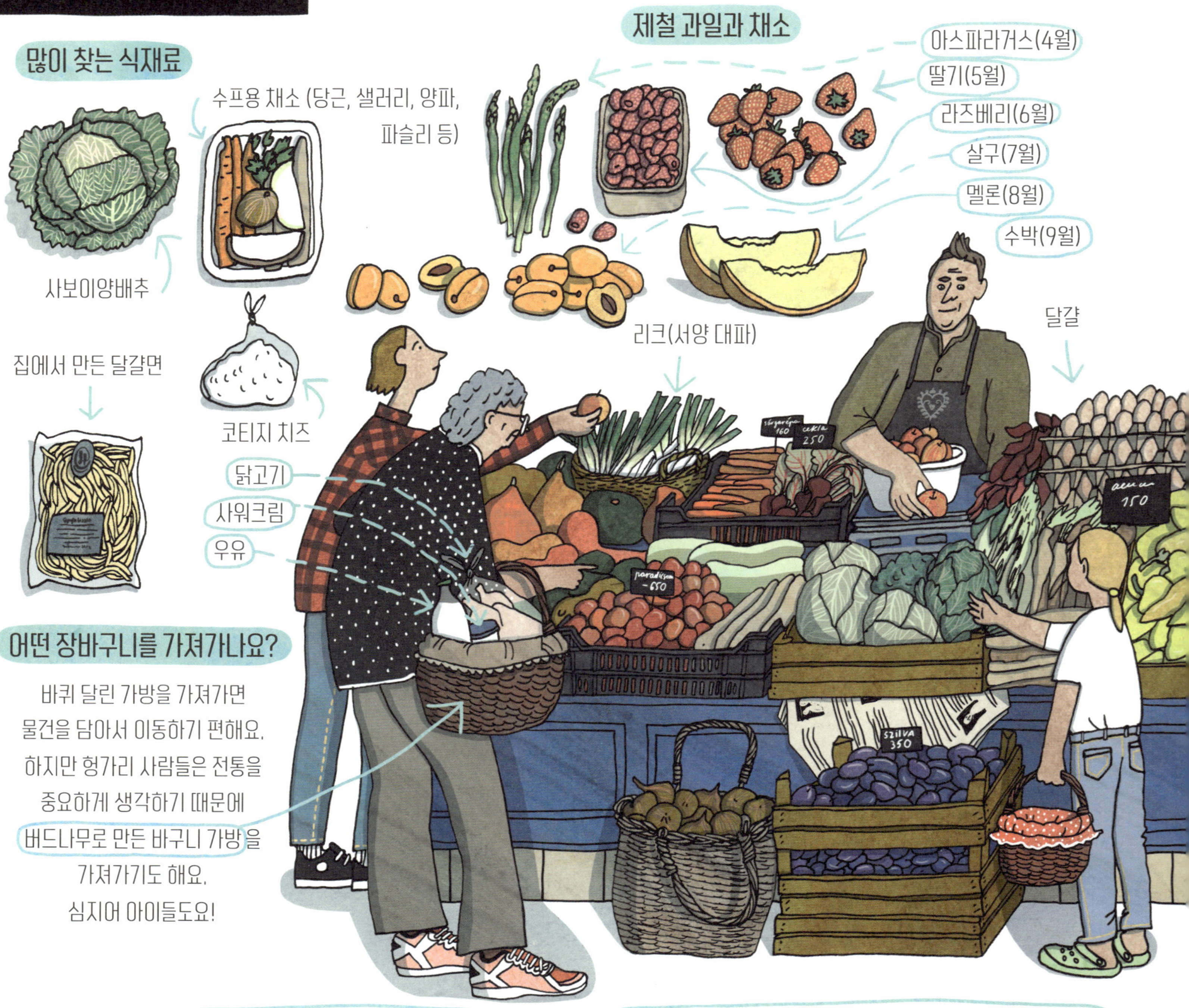

많이 찾는 식재료
수프용 채소 (당근, 샐러리, 양파, 파슬리 등)
사보이양배추
집에서 만든 달걀면
코티지 치즈
닭고기
사워크림
우유
제철 과일과 채소
아스파라거스(4월)
딸기(5월)
라즈베리(6월)
살구(7월)
멜론(8월)
수박(9월)
리크(서양 대파)
달걀
szilva 350

어떤 장바구니를 가져가나요?

바퀴 달린 가방을 가져가면 물건을 담아서 이동하기 편해요. 하지만 헝가리 사람들은 전통을 중요하게 생각하기 때문에 버드나무로 만든 바구니 가방을 가져가기도 해요. 심지어 아이들도요!

알면 유용한 표현

- Szervusz(세르부스) : 안녕하세요.
- Köszönöm(꾀세뇜) : 감사합니다.
- Mennyibe kerül?(멘니베 케륄) : 얼마예요?
- Csak nézelődöm(척 니제로돔) : 구경하는 중이에요.
- Szeretnék egy(세렛닉 에지) ~ : 제가 찾는 것은 ~

가장 작은 단위의 헝가리 지폐

500 ÖTSZAZ FORINT
EA 0000000
BUDAPEST 2018
MAGYAR NEMZETI BANK
500

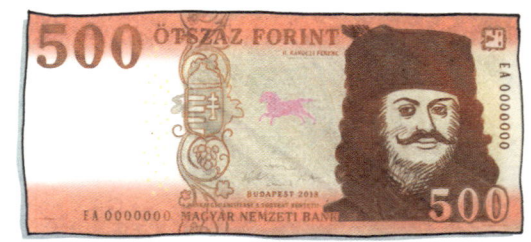

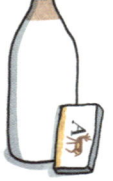

'500포린트'로 우유 1병과 초콜릿 1개를 살 수 있어요.

무게는 어떻게 잴까요?

헝가리에서는 그램(g) 대신 데카그램(10g) 단위를 사용해요. 줄여서 '데카'라고도 해요. 치즈 300g을 주문할 때는 "치즈 30데카 주세요."라고 말하면 돼요.

자, 여기요! 자두 40데카예요.

고마워요!

감자
파프리카

헝가리 요리 대부분은 양파, 마늘, 파프리카를 볶는 것부터 시작해요. 깊은 맛을 내기 위해서 꼭 필요한 과정이랍니다!

도전! 맛있는 헝가리 요리

감자 파프리카시 (감자를 넣은 파프리카 요리)

감자 500g

토마토

마늘 2쪽

신선한 파슬리

식물성 기름

후추
소금

파프리카

큰 양파 1개

파프리카 가루 2큰술
(많이 맵지 않고 약간 단맛이 나요.)

사워크림

소시지 150g

소시지 대신 비엔나소시지, 미트볼, 닭고기를 사용해도 돼요. 사실 육류 없이 채소만 넣어도 아주 맛있답니다!

① 감자는 껍질을 벗겨 깍둑썰기 하고, 양파는 아주 작게 자르고, 마늘은 다져요. 소시지와 파프리카, 토마토는 먹기 좋은 크기로 잘라요.

② 팬에 기름을 두른 뒤 양파를 넣고, 노릇해질 때까지 볶아요.

③ 불을 가장 약하게 줄이고 준비해 둔 소시지와 파프리카, 토마토, 다진 마늘, 파프리카 가루를 팬에 넣어요. 잘 저어 가며 재료를 30초 정도 익혀요.

④ 팬에 감자를 넣고, 감자가 완전히 잠기지 않을 정도로 물을 부어요. 소금을 한 꼬집 넣고 뚜껑을 덮어요. 감자가 익을 때까지 보글보글 끓이다가 사워크림을 넣고 걸쭉해질 때까지 더 끓여요.

⑤ 뚜껑을 열고 잘게 썬 파슬리를 뿌리면 완성!

Központi Vásárcsarnok
부다페스트 중앙 시장(그레이트 마켓 홀)

부다페스트에서 가장 큰 재래시장으로, 활기가 넘치는 곳이에요. 다양하고 싱싱한 식재료가 가득해요. 이 시장에 가면 현지 음식도 저렴하게 맛볼 수 있어요. 현지인과 관광객 모두에게 인기 있는 시장이랍니다.

- **위치** : 포밤테르역 바로 앞, 자유의 다리 근처(걸어서 2분)
- **개장 시기** : 1897년. 프랑스 에펠탑의 건축가 구스타프 에펠이 설계했어요.
- **영업시간** : 월요일 오전 6시~오후 5시, 화·수·목·금요일 오전 6시~ 오후 6시, 토요일 오전 6시~오후 3시

시장 모습
웅장하고 아름다운 건물이 바로 시장이에요!
지붕은 알록달록한 화강암 타일로 덮여 있어요.
1층으로 들어서면 육류, 농수산물 등 식료품 가게들이 있어요.

올해 72세인 아그네스는 중앙 시장에서 장을 본 지 30년이 넘었어요.

시장 근처에 사는 피터 키스

중국 관광객 베이리

꼭 먹어요!
랑고쉬는 넓게 편 반죽을 튀겨서 그 위에 사워크림을 바르고, 치즈를 듬뿍 올린 헝가리식 호떡이야. 다진 야채와 고기, 과일, 잼 등 취향에 맞는 토핑을 올릴 수 있어. 도우가 정말 쫀득하고 맛있어. 꼭 먹어 봐!

꼭 구경해요!
헝가리에서는 말린 파프리카와 마늘을 매달아 놓고 팔아요.
근처 피클 가게도 구경하세요.
피클이 다양한 표정으로 인사할 거예요!

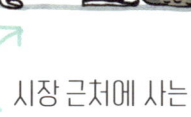

정말 크다!

치즈　사워크림

타냐 N. (7세)

어른들에게
헝가리는 푸아그라 최대 수출국이에요.
캔에 담아 파는 푸아그라도 있답니다.

Szimplakerti Háztáji Piac
부다페스트 심플라 농산물 직판장

비교적 최근에 생긴 농산물 직거래 장터예요. 매주 일요일 반나절 동안 '심플라'라는 술집의 건물 1층과 정원에서 장터가 열려요.

- **위치** : 아스토리아역 근처(걸어서 7분). 폐허 술집 '심플라' 건물 1층이에요. 안을 들여다보면, 낡은 주택처럼 보여요.
- **개장 시기** : 2014년
- **영업시간** : 일요일 오전 9시~오후 3시

시장 모습

심플라 건물은 오랫동안 폐건물로 방치되었다가, 2001년에 지금 주인이 술집을 열면서 사람들이 몰려들기 시작했어요. 폐건물에 있는 술집이라고 해서 '루인(ruin) 바'라고도 해요. 평소에는 영화 상영, 라이브 공연, 미술관 등 복합 문화 공간으로 운영되고, 일요일에는 지역 농산물 직거래 장터가 열려요. 건물 안으로 들어가면 홀과 계단이 많아서 미로처럼 보인답니다. 내부는 폐기된 자동차들, 골동품 등으로 꾸며져 있어요.

꼭 구경해요!

자동차의 녹슨 뼈대로 만든 테이블을 찾아보고, 욕조 일부를 톱으로 잘라 만든 소파에도 앉아 보세요!

여기 파프리카시 정말 맛있네!

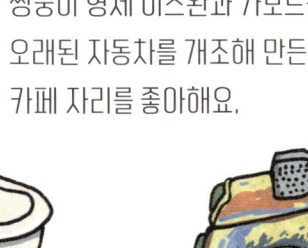

쌍둥이 형제 이스완과 가보르는 오래된 자동차를 개조해 만든 카페 자리를 좋아해요.

아들이 직접 기른 채소를 가지고 나온 이디스 아주머니

트러플(송로버섯)

각종 잼

소스

꼭 먹어요!

자선 단체에서 나와서 직접 만든 음식을 팔아요. 모든 수익금은 유기 동물을 돕는 데 사용된다고 하니, 여기서 식사 한 끼 어떨까요?

야채, 과일, 치즈, 우유 외에 수제 잼과 시럽, 갓 수확한 트러플도 살 수 있어요.

11월 모로코

모로코 사람들은 생활하는 데 필요한 것들을 대부분 시장에서 구입하기 때문에 시장은 사람들에게 매우 중요한 장소예요. 시장 없이 산다는 것은 상상하기 어렵지요. 모로코에는 금요일에 문을 닫는 시장이나 상점이 많아요. 이슬람교를 믿는 모로코 사람들에게 금요일은 기도하는 날이거든요!

가장 작은 단위의 모로코 지폐

'20디르함'으로 하리라수프 1그릇을 살 수 있어요. 하리라수프는 렌틸콩, 토마토, 고기를 넣고 끓인 모로코 전통 수프예요.

어떤 장바구니를 가져가나요?

프랑스와 마찬가지로 긴 손잡이가 달린 밀짚 가방을 가져가요. 모로코는 프랑스의 지배를 받은 적이 있어서 비슷한 문화를 보이거든요.

알면 유용한 표현

- Salam(살람) : 안녕하세요.
- Shokran(슈크란) : 감사합니다.
- N'aam(남) / La(라) : 네. / 아니요.
- Smehlia(스마힐라) : 미안합니다.
- Beslama(바슬라마) : 안녕히 가세요.

도전! 맛있는 모로코 요리

양고기 타진

(모로코식 양고기 스튜)

'타진'은 흙으로 빚은 도자기 냄비예요.
원뿔 모양의 뚜껑이 있어서 적은 양의 물로도
수분이 풍부한 요리를 할 수 있어요.
이 도자기 냄비에 조리한 음식도
타진이라고 부른답니다.

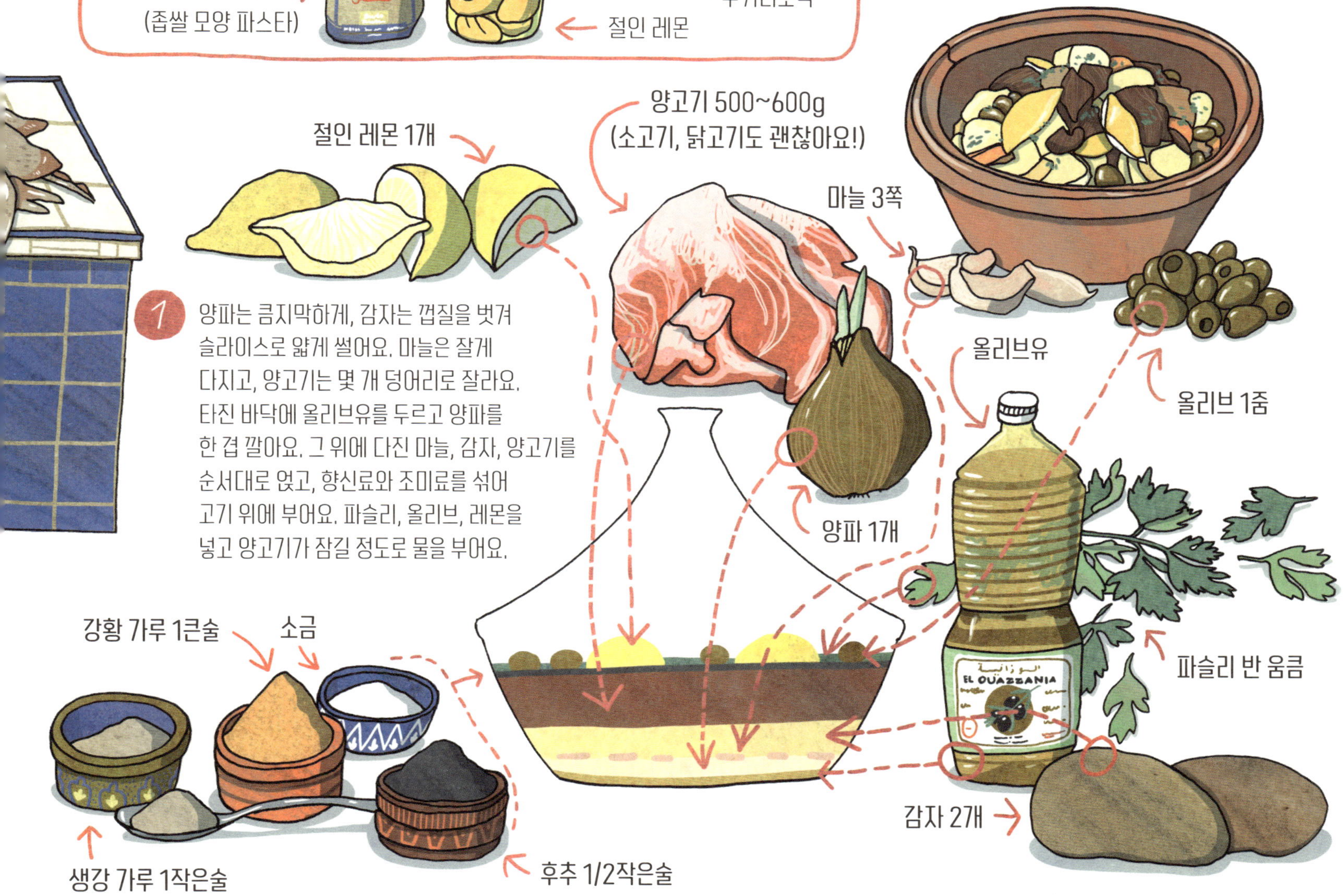

많이 찾는 식재료: 사프란, 양고기, 당근, 고수, 닭고기, 스피어민트, 병아리콩, 쿠스쿠스(좁쌀 모양 파스타), 절인 레몬, 주키니호박

재료: 절인 레몬 1개, 양고기 500~600g (소고기, 닭고기도 괜찮아요!), 마늘 3쪽, 양파 1개, 올리브유, 올리브 1줌, 파슬리 반 움큼, 감자 2개, 강황 가루 1큰술, 소금, 생강 가루 1작은술, 후추 1/2작은술

1. 양파는 큼지막하게, 감자는 껍질을 벗겨 슬라이스로 얇게 썰어요. 마늘은 잘게 다지고, 양고기는 몇 개 덩어리로 잘라요. 타진 바닥에 올리브유를 두르고 양파를 한 겹 깔아요. 그 위에 다진 마늘, 감자, 양고기를 순서대로 얹고, 향신료와 조미료를 섞어 고기 위에 부어요. 파슬리, 올리브, 레몬을 넣고 양고기가 잠길 정도로 물을 부어요.

2. 뚜껑을 덮고 중불에 냄비를 올려요. 재료가 끓으면 약불로 줄이고 2~3시간 동안 끓여요. 고기가 부드러워지고 양념이 고기 속에 배어들 때까지 끓이면 완성이에요!

혹시 타진이 없다면, 다른 도자기 냄비나 쇠 냄비를 이용해도 돼요. 이때는 양고기, 양파, 마늘, 향신료를 냄비에 넣고 고기가 갈색빛을 띨 때까지 구워서 요리해야 해요.

마라케시 제마 엘프나 시장

سوق ساحة جامع الفنا

마라케시 제마 엘프나 광장에서 매일 열리는 시장이에요. 저녁이 되면 넓은 광장이 야외 식사 공간으로 변하고, 곳곳에서 길거리 공연도 열려요.

- **위치** : 제마 엘프나 광장
- **개장 시기** : 중세 시대. 이곳에 도시가 생겨날 때부터 사람들이 나와 물건을 팔았어요.
- **영업시간** : 매일 24시간. 하지만 금요일은 기도하는 날이어서 문을 닫는 상점이 많아요.

시장 모습
가판대들이 다닥다닥 붙어 있고, 늘 사람들로 북적여요. 너무 복잡해서 길을 잃기 쉬우니 조심하세요!

모로코의 특산물, 향신료뿐 아니라 카펫, 가죽 제품, 공예품 등 기념품도 팔아요. 다양한 길거리 음식도 맛볼 수 있답니다!

꼭 구경해요!
늦은 오후가 되면 북아프리카의 토착 유목 민족인 베르베르인들이 하나둘씩 전통 악기를 들고 시장에 나와요. 주변에 자리를 잡고 앉아서 멋진 연주를 감상해 보세요.

꼭 먹어요!
나는 세빠 메드포나라는 닭고기 요리를 정말 좋아해. 아주 가느다란 면인 버미첼리 더미 안에 닭고기를 숨기고, 그 위에 건포도, 설탕, 아몬드, 사프란을 얹은 요리야. 어때, 맛있겠지?

모하메드 A. (8세)

에바, 이거 좀 봐. 사프란이야!

스웨덴 관광객 에바와 카린

어른들에게
물건을 살 때 흥정은 필수! 가게 주인이 처음 부르는 값에 물건을 덥석 사지 마세요. 가끔 가게 주인이 민트 차를 내주기도 하는데, 환영한다는 의미이니 거절하지 마세요!

سوق السمك
에사우이라 수산시장

대서양과 맞닿아 있는 에사우이라는 어업이 크게 발달한 항구 도시예요. 에사우이라 수산시장에서는 갓 잡은 생선을 저렴한 값에 판매해요. 현지 사람들에게 항구와 시장은 생활하는 데 아주 중요한 장소랍니다.

- **위치** : 구시가지 메디나 근처
- **개장 시기** : 1800년대 초, 시장이 처음 열린 지 200년도 넘었어요.
- **영업시간** : 매일 오전 8시~오후 8시

시장 모습
기둥 사이의 좁은 공간에 생선 가게가 있어요. 생선뿐 아니라 향신료도 팔아요!

우리 가게 정어리가 시장에서 제일 싸요!

어른들에게
시장 근처에는 구입한 생선을 바로 먹을 수 있는 가게들이 있어요. 상차림비를 내면 식사할 자리를 만들어 주고, 생선을 요리해 준답니다.

문어를 사러 온 카림

꼭 구경해요!
상어는 자주 잡히지 않아요. 시장을 둘러보다가 상어가 있다면, 꼭 구경하세요.

꼭 먹어요!
모로코는 세계 최고의 정어리 수출국이에요. 신선한 정어리는 통조림 정어리와는 비교할 수 없을 정도로 맛있어요!

12월 영국

영국의 전통 시장은 1900년대 초에 하나둘씩 문을 닫으며 거의 사라졌다가, 1990년대부터 다시 생겨나기 시작했어요. 지금은 영국에 1000개가 넘는 시장이 있고, 사람들 대부분이 토요일에 시장으로 장을 보러 간답니다.

11월 중순이 되면 크리스마스 용품을 파는 가판대가 생겨요. 트리를 장식할 리본, 볼, 전구, 작은 인형 등 오너먼트가 무척 다양해요. 마음에 드는 용품들을 골라 보세요!

어떤 장바구니를 가져가나요?

편안하게 멜 수 있는 캔버스 가방이 좋아요. 몇몇 시장에서는 로고가 인쇄된 캔버스 가방을 판매해요.

- 시나몬 스틱
- 리스
- 솔방울
- 말린 오렌지
- 겨우살이

크리스마스 요리 재료

- 파스닙
- 감자
- 베이컨
- 방울양배추
- 거위고기
- 사과

건과일을 넣은 크리스마스 푸딩은 크리스마스날 저녁 식사 후에 먹어요. 오래 두고 먹을 수 있어서 한 달 전에 미리 만들어요.

가장 작은 단위의 영국 지폐

- 현재는 새 지폐가 발행되었고, 구지폐와 함께 사용되고 있습니다.

'5파운드'로 사과 토피 1개(1파운드)와 프레츨 2개(4파운드)를 살 수 있어요.

많이 찾는 식재료

감자, 토마토, 쌀, 당근, 소고기, 아보카도, 베이컨, 달걀, 소시지, 양배추, 파스타, 방울양배추

도전! 맛있는 영국 요리

브레드 앤드 버터 푸딩

① 식빵 10장에 버터를 얇게 펴 바르고 4등분 해요. 오븐 팬 바닥에 버터를 바르고 빵을 한 겹 깔아요. 빵 위에 준비한 건포도의 절반을 올린 다음, 그 위에 빵을 한 겹 더 깔고 남은 건포도를 올려요.

백설탕 50g, 2큰술 (따로 준비!)

건포도 50g

식빵 10장

실온에 꺼내 둔 버터

달걀 4개

크림 200ml (지방 함량 22%)

시나몬 가루 1작은술

우유 300ml

② 달걀을 풀어 설탕 50g을 넣고 젓다가 우유, 크림, 시나몬 가루를 넣어 커스터드를 만들어요. 커스터드를 빵 위에 붓고 오븐 팬을 랩으로 덮어 냉장고에서 최소 1시간 숙성해요.

③ 냉장고에서 오븐 팬을 꺼내 빵 위에 설탕 2큰술을 솔솔 뿌려요. 180℃에서 빵 표면이 노릇노릇해지고 단단해질 때까지 구워요. 접시에 담으면 완성이에요!

Borough Market
런던 버러 시장

약 1000년의 역사를 지닌 런던의 식품 시장이에요. 런던에서 가장 크고 오래된 시장으로, '런던의 부엌'이라고 불려요. 철로 아래에 자리하고 있으며, 시장은 현지인과 시민들로 늘 북적여요.

- **위치** : 런던브리지와 서더크대성당 근처
- **개장 시기** : 1014년. 1756년에 이 자리로 옮겨 왔고, 지금의 건물은 1850년대에 지어졌어요.
- **영업시간** : 화·수·목·금요일 오전 10시~오후 5시, 토요일 오전 9시~오후 5시, 일요일 오전 10시~오후 4시

시장 모습
초록색 지붕이 덮여 있는 넓은 홀이 시장이에요. 내부는 네 개 구역으로 나뉘어 있고, 기둥들 사이사이에 상점들이 있어요.

모스크바 관광객 올가

시장 근처에서 일하는 톰

꼭 구경해요!
약 270년 전에는 시장 개점과 폐점 때 종을 울렸다고 해요. 지금은 당시에 사용하던 종 대신 2013년에 새로 만들어 설치한 종이 있어요. 미들로드 구역의 로스트 식당 옆에 가면 찾을 수 있답니다. 기둥 위쪽에 있어요!

꼭 먹어요!
가끔 부모님과 함께 '애플비 해산물 식당'에 가. 난 주로 피시 앤드 칩스를 주문해. 소스에 콕 찍어 먹으면 아주 맛있거든!

앨리스 T. (9세)

어른들에게
'어헤드 베이커리'에서는 빵, 케이크, 페이스트리 등을 만드는 쿠킹클래스가 정기적으로 열려요. 홈페이지에서 미리 예약하세요!

Covered Market
옥스퍼드 커버드 시장

옥스퍼드의 오래된 전통 시장이에요. 커버드(covered)라는 이름에서 알 수 있듯, 돔 형태의 지붕으로 덮여 있어요. 규모가 크지는 않지만, 구경거리가 아주 많아요.

- **위치**: 옥스퍼드 중심가 마켓 거리, 옥스퍼드 대학교 근처
- **개장 시기**: 1774년
- **영업시간**: 월·화·수요일 오전 8시~오후 5시 30분, 목·금·토요일 오전 8시~오후 10시, 일요일 오전 10시~오후 5시

시장 모습
시장 안으로 들어가면 붉은 천장, 흰색 목재 구조물이 지붕을 받치고 있어요. 돔 형태의 지붕 덕분에 날씨에 상관없이 장을 볼 수 있어요. 내부는 무척 밝아요.

옥스퍼드에 사는 메리

꼭 구경해요!
천장에는 동화 《이상한 나라의 앨리스》의 등장인물 인형들이 매달려 있어요. 버드나무와 종이로 만든 입체 인형이에요. 《이상한 나라의 앨리스》는 루이스 캐럴이 옥스퍼드에서 쓴 동화예요.

- 웬슬리데일
- 블루비니
- 체셔
- 체다
- 스틸턴

어른들에게
옥스퍼드 치즈 회사가 운영하는 가판대에 가면 다양한 종류의 영국산 치즈를 구경할 수 있어요.

- 장미 쿠키
- 밀크초콜릿 비스킷
- 초콜릿 비스킷
- 다크초콜릿 비스킷
- 화이트초콜릿 비스킷

꼭 먹어요!
'벤스 쿠키'에서 파는 쿠키와 비스킷은 맛있기로 유명해요. 옥스퍼드 맛집 중 하나랍니다. 원하는 맛을 골라 먹어 보세요!

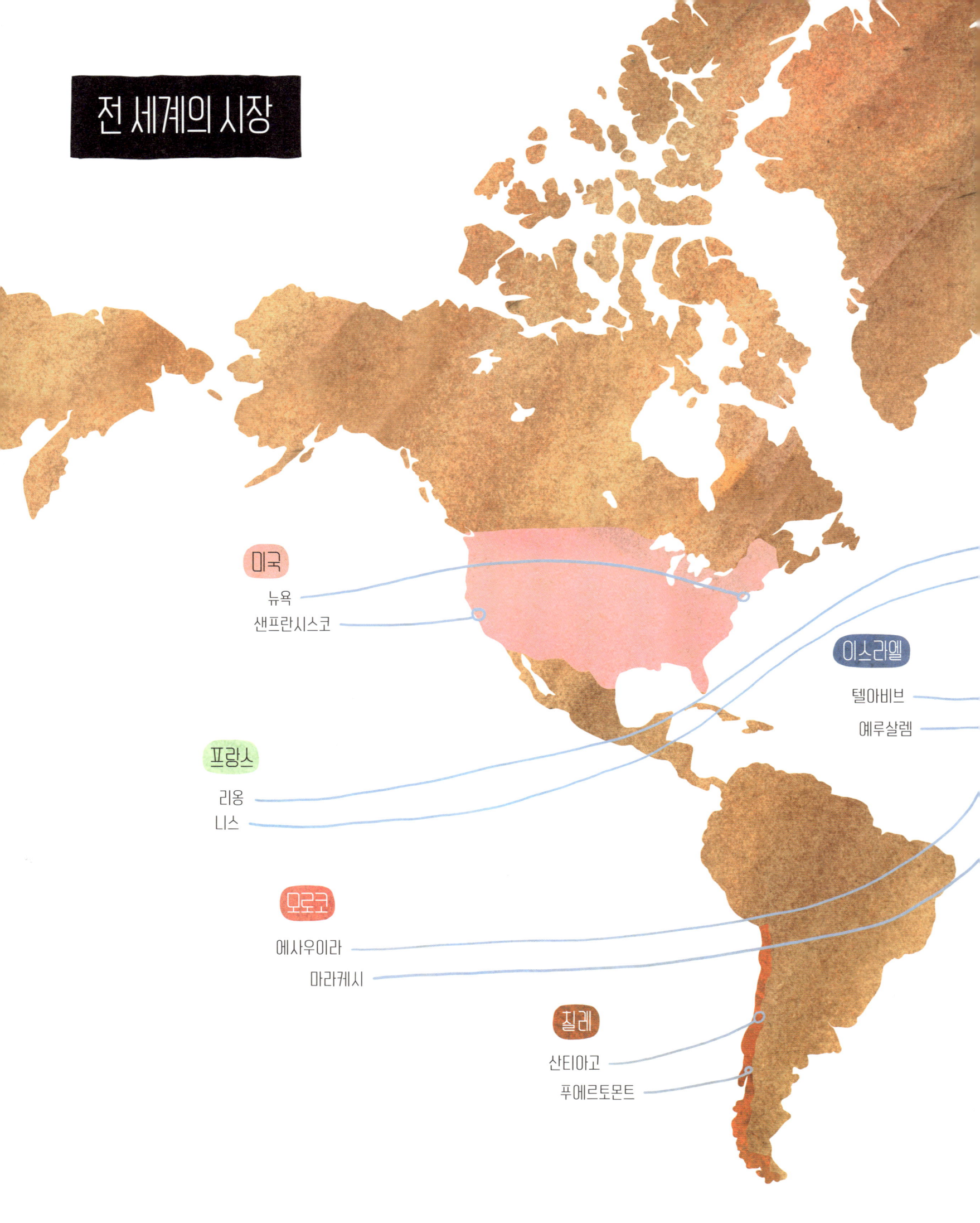

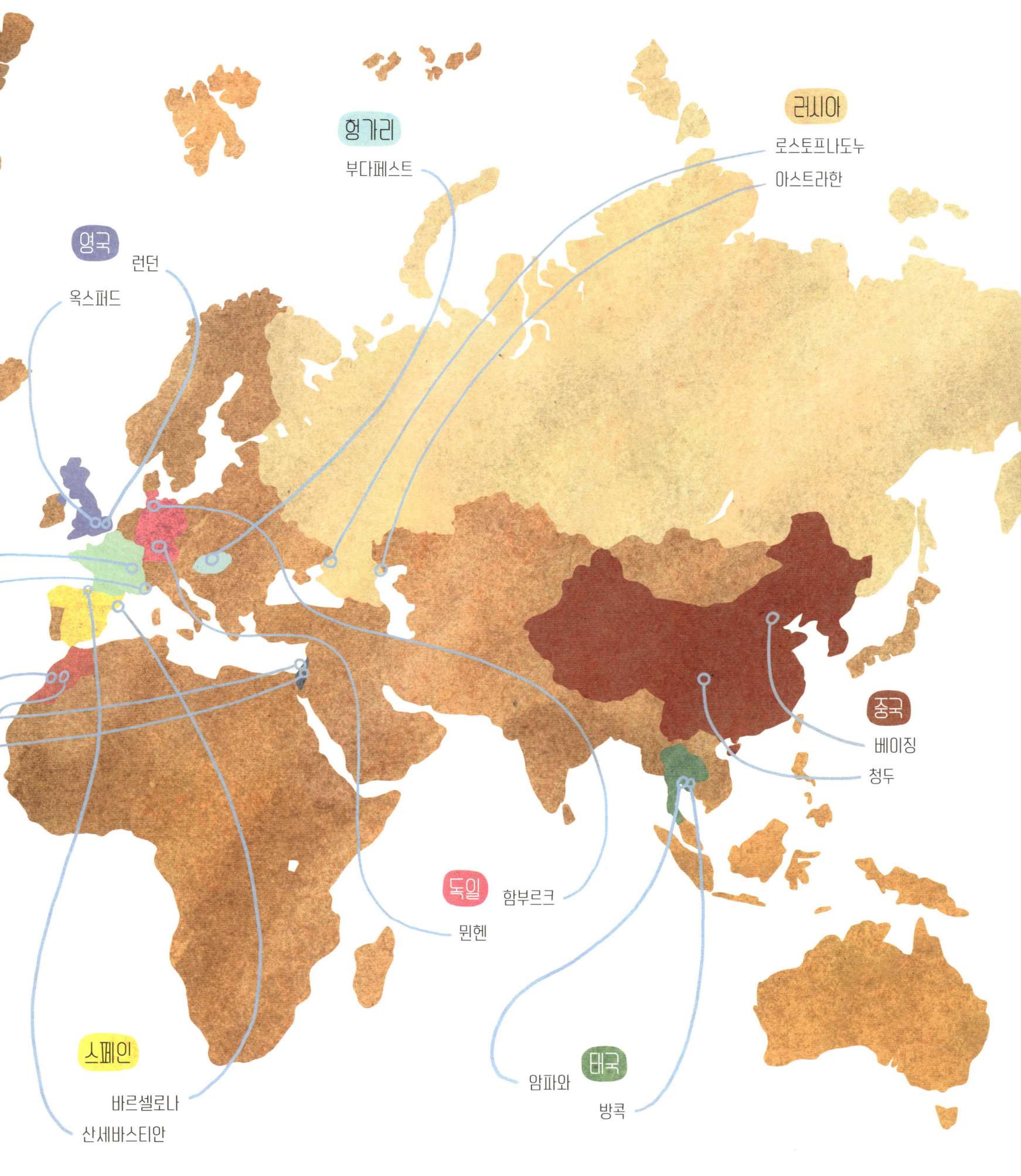